VUES

SUR

LA JUSTICE CRIMINELLE.

DISCOURS prononcé au *Bailliage* d'Orléans.

PAR M. LETROSNE, Avocat du Roi au Présidial d'Orléans ; Associé de l'Académie Royale des Belles-Lettres de Caen ; Honoraire de la Société Economique de Berne ; & Membre de la Société Royale d'Agriculture d'Orléans.

Cum Judici dicenda sententia est, meminerit se Deum habere testem.
CICER. de Off. 3.

A PARIS,

Chez les Freres DEBURE, Libraires, Quay des Augustins.

M. DCC. LXXVII.

DISCOURS

SUR

LA JUSTICE CRIMINELLE.

Frustrà judicia fiunt de rebus justis, nisi ad finem perducantur: ità si sublatis judiciis nulla hominum inter ipsos communio esse potest, nec erit quidem, si nemo quod judicatum fuerit exequatur. Aristot. Lib. 6. de Repub.

LES Loix ne sont si dignes de notre soumission & de nos hommages, que parce qu'elles sont l'expression de la Justice, qui renferme essentiellement l'intérêt général & le vœu de la société. Le principe de leur puissance & de leur stabilité, est dans elles-mêmes : il naît de la certitude que l'on a de leur équité, des avantages qu'elles assurent, & des

malheurs qu'entraîne leur inexécution.
Si l'éclat & la beauté de la Juſtice ; ſi
ſa conformité avec notre raiſon, emporte la conviction de l'eſprit, & le
force d'acquieſcer au jugement qu'elle
prononce ſur la moralité des actions ;
l'amour du bien-être, l'averſion des peines & des privations, ces deux puiſſans
mobiles de la conduite de l'homme,
ſemblent devoir lui ſoumettre ſa volonté, & lui répondre de ſon obéiſſance.
Peut-il réfléchir ſur ſa nature, ſur ſon
état, ſur ſes beſoins, ſans reconnoître
la néceſſité de l'aſſociation ; ni concevoir
la poſſibilité, la durée & le bonheur de
cette aſſociation, ſi elle n'eſt gouvernée
par la Juſtice, & fondée ſur ſes Loix.

Cependant malgré tant de motifs ſi
capables d'agir ſur l'homme, de l'attacher fortement aux préceptes de la Juſtice, de lui en faire ſentir la conve-
nance avec ſon être moral & phyſique,
l'homme eſt ſouvent injuſte : l'ignorance

qui offufque fa raifon, l'empêche de
tirer les conféquences naturelles des
vérités qu'il a fous les yeux : plus fouvent encore les paffions le féduifent,
l'aveuglent & l'afferviffent ; leur voix
plus forte, & malheureufement plus
écoutée que celle de la Juftice, l'entraîne au-delà du devoir.

Que deviendra la fociété, fi les
hommes ne voient que la Juftice au-
deffus d'eux, & fi elle-même n'a pour
appui que les motifs qui devroient lui
garantir leur fidélité ? Que chacun foit
le maître de faire valoir fes prétentions,
de donner à fes paffions un libre cours,
de ne confulter que les defirs de la
cupidité infatiable & ufurpatrice, d'employer la rufe ou la violence à l'exécution de fes deffeins ; la fociété eft
détruite, & l'homme privé des avantages qu'il doit trouver dans la réunion
des fecours mutuels & des fervices,
ne verra fa fûreté que dans la folitude.

La Justice est donc - ici bas une trop foible barriere; elle preſcrit des devoirs que l'homme vertueux remplit avec fidélité, ſans qu'elle lui garantiſſe la jouiſſance de ſes droits : elle ne peut rien pour ſa ſûreté, elle n'a que des préceptes à lui intimer, ſans pouvoir lui en aſſurer la récompenſe actuelle; ſes Loix ſont, à la vérité, reſpectives & générales, mais les autres les violent envers lui, tandis qu'il les obſerve à leur égard; elle ne lui laiſſe de reſſource que ſa force perſonnelle, dont elle ne lui permet même l'uſage que dans les bornes qu'elle met à la défenſe légitime : il ſeroit preſque tenté de lui devenir infidèle, s'il ne l'aimoit pour elle-même.

Trouvez, au contraire, un moyen de ſoumettre à la Juſtice tous les intérêts particuliers qui ſe croiſent & ſe combattent; de contenir la cupidité, de mettre aux paſſions déſordonnées un frein

qu'elles soient forcées de respecter ; d'en-
chaîner la force privée, dont l'abus fait
prévaloir l'injustice, dont l'usage même
légitime est si contraire à l'état social,
& si dangereux pour celui que le soin
de sa conservation oblige de s'en servir :
vous verrez aussi-tôt la paix succéder
à la discorde, l'harmonie & le bonheur
public, au désordre & au régne tumul-
tueux des passions : vous verrez naître
& prévaloir un intérêt commun, qui
gouvernera souverainement tous les rapports des hommes réunis, qui répri-
mera les efforts & les projets de la cupidité exclusive, qui réunira toutes les
volontés ; qui des forces particulieres
dirigées vers le même but, formera une
force commune : vous verrez tous les
Citoyens, convaincus que leur intérêt
privé ne peut se rencontrer que dans
cet intérêt commun, accourir aux pieds
des autels de la Justice, lui jurer l'observation de ses Loix, & dévouer les

infracteurs à la peine & au fupplice.

Mais où pouvons-nous trouver ces avantages ineftimables ailleurs que dans *l'ordre civil* ? Par quel autre moyen les hommes pouvoient-ils maintenir l'ordre focial, affurer la jouiffance de tous les droits, par l'obfervation de tous les devoirs, faire régner entre eux la Juftice, & protéger l'intérêt commun qui en eft inféparable ? (*a*) L'ordre civil ne défarme les Citoyens que pour

---

(*a*) Pour que l'ordre civil procure aux hommes tous ces avantages, il faut qu'il foit organifé comme il doit l'être : il faut que toutes fes inftitutions & fes Loix foient parfaitement conformes à l'intérêt commun, toujours inféparable de la Juftice : ils perdent une partie de ces avantages, à proportion de ce qu'ils s'en écartent. L'affociation naturelle eft établie fur les deux Loix primitives & fondamentales de la liberté perfonnelle, & de la propriété mobiliaire & fonciere. L'ordre civil a pour objet, non de reftreindre l'étendue de ces deux Loix, ni de modérer l'exercice des droits qui en réfultent ; mais d'en affurer l'exécution entiere & inviolable, en réprimant toute entreprife qui y porte atteinte.

leur procurer une protection supérieure à toute résistance. Il sçait en même temps contenir & employer au maintien de la société cette même force, qui dans l'état d'indépendance & d'anarchie la rempliroit de trouble & de discorde : Il sçait faire servir à la sûreté de tous, & à la garantie des propriétés, cet instrument aveugle dont les passions livrées à elles - mêmes ne pourroient qu'abuser pour la ruine & l'oppression publique. La force ne consiste que dans l'exercice d'un pouvoir physique. Cette arme utile ou funeste, suivant la direction qu'elle reçoit, capable de tous les excès lorsqu'elle est maniée par la vengeance & la cupidité, devient dans l'état civil l'appui inébranlable de la société, & le bras qui exécute les mouvemens qu'exige l'intérêt commun.

Mais cet intérêt qui réunit toutes les volontés, & qui dans l'état civil est soutenu de toute la force publique, doit avoir un point de réunion. Ce seroit rentrer dans l'indépendance , que l'état civil doit faire cesser, que d'en charger chaque Citoyen. La premiere institution sociale consiste à le déposer dans les mains d'un Souverain , à lui donner le droit , & à lui fournir les moyens de le faire valoir. En effet , le droit de commander , privé du pouvoir physique de se faire obéir , seroit inutile & illusoire ; comme le pouvoir physique , sans le droit de commander , ne seroit qu'un abus de la force : l'un & l'autre réunis, constituent l'autorité souveraine , telle qu'elle doit être pour atteindre son but : elle devient en même tems légitime par le concours des volontés qui lui vouent l'obéissance , & toute puissante , par la réunion des forces qui s'empressent d'exécuter ses ordres.

Il n'y a donc que l'intérêt commun, nécessairement dérivé de la Justice essentielle & absolue , qui puisse sou-

mettre les hommes égaux par leur nature, à une autorité souveraine, trop
différente à tous égards de la puissance
paternelle, pour avoir été formée sur
elle. (*a*) Il n'y a que cet intérêt qui

(*a*) C'est une façon de parler communément reçue,
de dire que *le Souverain est le pere de ses sujets*, & d'ap-
peller *paternel* un Gouvernement sage & modéré. On ne
pourroit pas trouver dans les relations que la nature
met entre les hommes, des rapports plus intimes,
plus chers & plus sacrés ; plus propres à inspirer au
Souverain & aux sujets les sentimens respectifs d'amour,
de bienfaisance, de soumission & de respect.

Mais on seroit dans l'erreur, si de cette maniere
de parler, bonne & vraie à certains égards, on en
inféroit le principe, que la souveraineté dérive de l'autorité paternelle, & qu'elle en a réuni & conservé la
nature & les droits.

Dans la famille, les enfans tiennent du pere la
vie & la subsistance pendant plusieurs années, sans
pouvoir lui être d'aucun secours. Sont-ils ensuite en
état de travailler, c'est au pere à diriger l'emploi de
leur temps & de leurs facultés, & à s'en appliquer les
fruits. Tout le patrimoine lui appartient ; les enfans
y trouvent leur subsistance commune ; mais ils ne
deviendront propriétaires qu'après sa mort, ou lorsqu'il
voudra se dessaisir en leur faveur. Les enfans s'établissent

puiffe donner à des hommes le droit
de juger leurs femblables , légitimer
& autorifer le droit de glaive.

---

enfuite , & deviennent eux-mêmes peres de famille ;
ils forment alors un patrimoine & une adminiftration
particuliere ; ils travaillent & amaffent pour eux-mêmes.
L'autorité du pere, dirigée vers le but de l'éducation ,
change de nature à mefure que les enfans s'élevent ;
elle ceffe lorfqu'ils font en état de fe gouverner eux-
mêmes ; elle eft remplacée par une fupériorité d'un
autre genre qui doit durer autant que la vie , & qui
n'a plus pour bafe le befoin des enfans, mais les devoirs
de refpect & de reconnoiffance dont ils font tenus.

L'autorité fouveraine n'eft rien de tout cela. Les
fujets font une collection de familles , dont les chefs
ou les individus ont chacun leurs droits & leurs propriétés , qui ne tiennent pas leurs biens du Souverain ; qui n'attendent pas de lui la direction de leur
travail ; qui font libres, propriétaires , jouiffans de leurs
droits indépendamment de lui , & qui ne reçoivent de lui
que la garantie de ces mêmes droits & la fûreté civile.

Ce n'eft pas par lui-même que le Souverain peut
leur procurer cette fûreté , mais par le moyen de la
force dont il difpofe ; & cette force n'eft pas propre
au Souverain , c'eft la force même de la fociété , formée
par elle , payée & entretenue par elle.

La comparaifon de ces deux autorités , admiffible fous
des rapports vagues & généraux d'affections & de fenti-

L'exercice de ce droit terrible ne
peut donc jamais être arbitraire, parce
que la Justice ne l'est pas. Mais il le deviendroit, si elle ne s'annonçoit que par
les notions générales & communes à
tous, qui suffisent pour juger de la
qualité d'un crime, mais qui ne détermi-
nent pas le genre & le degré de la peine:
il le seroit, si le dépositaire de l'intérêt
commun n'étoit pas en même-tems
Législateur; c'est-à-dire, s'il n'étoit pas
autorisé à puiser dans les notions les
plus exactes de la Justice, combinées
avec l'intérêt de la société, des regles
précises & certaines, qui pussent servir
de base aux jugemens; ou s'il ne pro-

---

mens, absolument défectueuse dès qu'on la presse, & in-
pable de servir de base à aucun raisonnement exact,
pourroit devenir dangereuse, si l'on vouloit en inférer
des principes sur la nature de la Soûveraineté, & en
argumenter, pour lui attribuer la direction des travaux,
la propriété du territoire, & le droit indéfini de s'en
appliquer les fruits.

posoit ces regles que par des ordres
particuliers, & non par des décisions
publiques, revêtues de ces caracteres
respectables qui constituent la forme
essentielle de la Loi civile, qui garan-
tissent son existence, & la font regarder comme le vœu de la volonté
commune : il le seroit encore, si l'ordre
des Tribunaux, leurs fonctions & leur
compétence restoient dans l'incertitude ;
si la Loi qui doit régler tout ce qui tient
à l'ordre public, & n'abandonner aux
hommes que l'exécution, ne détermi-
noit pas d'une maniere fixe & invariable les Juges qu'elle présente à la société
comme ses Ministres.

Telle est MM. la forme essentielle
sous laquelle la Justice doit annoncer
ses oracles dans l'état civil. Elle existe
sans doute par elle-même, comme lumiere & comme vérité ; mais pour être
appliquée aux besoins de la société,
il faut qu'elle se montre sous une forme

sensible, qu'elle emprunte l'organe des hommes, qu'elle existe au milieu d'eux comme Loi écrite, comme la Loi vivante, active & munie de tous les moyens nécessaires pour se faire craindre & obéir. Il lui faut donc un interprête, des Ministres & des instrumens; il lui faut un homme qui annonce ses Loix avec autorité, des Tribunaux qui les fassent exécuter, & une force publique qui reconnoisse la voix des Magistrats dans l'application qu'ils en font, & qui exécute leurs jugemens.

Sous ce point de vue, le Magistrat est un homme présenté à la société par le Souverain, pour être l'organe de la Justice & le Ministre des Loix. Mais si toutes ses fonctions sont importantes, la premiere sans doute par son objet, est celle qui intéresse en même tems les biens les plus précieux à l'homme, sa liberté, son honneur, sa vie; & les intérêts les plus chers de la société, sa

sûreté , son repos & son bonheur. (*a*)
Les Citoyens environnent le Tribunal du Magistrat, pour lui exposer leurs

---

(*a*) Dans l'ordre judiciaire , la partie criminelle
l'emporte beaucoup sur la partie civile par sa simplicité, & par la facilité d'y appliquer les premiers principes de la Justice , dont les conséquences sont bien plus
éloignées, & plus difficiles à saisir dans la partie civile ,
par la complication des rapports , & l'opposition des intérêts qui se présentent. Cette difficulté n'est cependant
pas à beaucoup près aussi grande en elle-même, qu'elle
l'est devenue dans le fait. On peut concevoir une Législation très-simple , lorsqu'on voudra en écarter tout ce
qui est arbitraire, ne consulter que les deux premieres
Loix de *la liberté* & de *la propriété*, & ne point admettre
de Loix positives qui ne tirent *leur raison* de ces deux
Loix souveraines de la Justice essentielle & absolue.
Mais qui pourroit reconnoître la trace de ces deux
Loix, qui sont la base de toute bonne & sage Législation, dans cette foule énorme de Loix positives, sous le
joug desquelles il a plu aux hommes d'asservir leur liberté
& la disposition de leurs biens. Quel rapport ont avec les
vrais principes de la Justice distributive, tant de principes
factices , de Loix purement arbitraires , de Coutumes
locales & bizarres, d'autorités & d'opinions contradictoires , qui semblent n'avoir pour objet que de jetter
l'incertitude dans les propriétés, d'accabler le droit sous
les formes, de semer les occasions de trouble, de mettre
le Citoyens aux prises , & d'enfanter la discorde civile.

demandes ,

demandes, & recevoir avec foumiſſion
le jugement qui doit terminer leurs
conteſtations. Mais le méchant qui of-
fenſe la ſociété par ſes forfaits, n'attend
de la Juſtice que des châtimens, & ſe
dérobe à ſes regards. Il médite en ſe-
cret des crimes, il trame des complots
funeſtes à la tranquillité du Citoyen,
il lui dreſſe des embûches cachées pour
le faire tomber dans ſes piéges; il attaque ſon honneur, il menace ſes jours,
il ravit ſes biens, il le ſurprend dans
la ſolitude & dans les ténébres : fertile
en projets coupables, il eſt ingénieux
à en préparer & à en aſſurer le ſuccès.
Le deſir inſatiable d'avoir, la vengeance
cruelle, la haine implacable, l'envie
meurtriere, l'amour jaloux, la débau-
che effrénée, toutes les paſſions ſous
mille forme différentes, conſpirent à
l'envi contre la ſûreté publique : elles
ſe déchaîneroient ſans meſure, & fe-
roient de la ſociété un théatre affreux

de perfidie, d'horreur & de carnage ,
fi la Juſtice n'oppoſoit une digue ſalu-
taire à ce torrent de crimes ; fi le glaive
étincelant dans ſa main n'étoit toujours
levé pour menacer, frapper & punir
le coupable.

C'eſt donc principalement par l'exercice de la Juſtice Criminelle, qu'exiſte
& ſe maintient l'ordre civil, que le
pouvoir des Loix ſe déploie , & que
les Citoyens jouiſſent des avantages
qu'ils doivent trouver dans leur protection.

J'expoſerai d'abord la nature & les
caracteres de la Juſtice Criminelle :
en ſecond lieu, je parlerai des formes
& de l'inſtruction : en troiſiéme lieu,
des jugemens & des Loix pénales.

PREMIERE PARTIE.

De la nature & du caractere de la Justice Criminelle.

Legislatoris judicium non de singulis, nec de præsentibus, sed de universalibus, & de futuris est. Senator verò & Judex de præsentibus, jàmque determinatis judicat. Aristot. Lib. I. Rhet.

LA société civile ne peut exister & se maintenir, si elle n'est pourvue de tous les droits nécessaires à sa conserva- tion. Si l'intérêt commun qui en est le lien, l'autorise à assurer son repos inté- rieur & la sûreté de ses Membres, à réprimer par la crainte des peines, les crimes qui peuvent la troubler ; ce même intérêt lui donne le droit d'em- ployer la force commune à sa défense extérieure, de maintenir son indépen- dance au-dehors, de repousser les atta-

B ij

ques injuſtes, & de réſiſter à l'invaſion
qui menace ſon territoire. Ces deux
droits ont la même origine, & font
également partie *du droit de glaive*:
mais la maniere dont il agit ſur les individus pour la punition des crimes, eſt
bien différente de celle dont il s'exerce
contre une Nation ennemie.

La guerre ſans doute, tout ainſi que
la punition d'un Citoyen, ne peut être
légitime, qu'autant qu'elle eſt entrepriſe ſur des motifs avoués par la Juſtice.
Mais c'eſt la force qui préſide uniquement
à ſes opérations : c'eſt elle qui décide ſouverainement du ſuccès : la
Juſtice, qui a fait un devoir au Souverain de s'armer pour la défenſe de la
ſociété injuſtement attaquée, ne peut
lui garantir l'événement, qui ne dépend plus que de l'habileté des Chefs,
de la diſcipline, de la valeur des
Troupes, & ſur-tout des moyens de
ſoutenir les dépenſes de la Guerre.

Mais combien cette terrible maniere
de procurer la sûreté publique n'en-
traîne-t'elle pas de malheurs inévitables,
& d'injustices particulieres ? Combien
d'innocens opprimés & sacrifiés à la
nécessité des circonstances ? D'ailleurs,
quel étrange moyen de repousser l'in-
jure, & de réparer le tort fait à la
société, que celui qui l'expose au même
danger que l'aggresseur, qui ne parvient à la venger qu'en risquant son
existence, & qui lui coûte ce qu'elle a
de plus précieux, la vie d'une partie
de ses membres.

Dans la punition des crimes, au contraire, c'est la Justice seule qui agit,
qui ordonne & qui exécute : tout se passe
sous ses yeux & par ses ordres : elle
est armée de la force ; mais la force
ne fait que marcher à sa suite pour lui
obéir. Le Souverain, qui dans la Guerre
agit immédiatement, qui en dirige tous
les mouvemens, qui prépare, décide

& fait exécuter toutes les opérations ;
ne se montre dans l'administration de
la Justice, que comme Législateur ; il
n'annonce ses ordres que par des Loix ;
& en confiant aux Magistrats qu'il ins-
titue, le pouvoir de juger, il leur remet
en même-tems le dépôt des Loix qui
doit en éclairer l'usage. Ce n'est donc
point une autorité arbitraire qu'il leur
communique ; il est bien éloigné de
la prétendre pour lui-même ; & pour en
préserver le Magistrat qui est homme,
il ne se contente pas de lui donner
pour regle de ses décisions , des Loix
précises & formelles ; il assujettit toutes
ses opérations, & les actes préparatoires
des jugemens, à des formes exactes &
rigoureuses, qui en assurent la régularité , & qui le tiennent dans la dépen-
dance continuelle de la Loi. Pour lui
il se fait gloire de renfermer sa puissance
dans les bornes que sa dignité lui impose ; il ne s'attribue donc pas la fonc-

tion d'appliquer lui-même les Loix, ni de réformer les jugemens *sur le fond.* Un jugement erroné, & qui est sans appel, est un mal auquel la Loi ne peut apporter de remede : le recours au Souverain pour lui demander la ré- forme d'un jugement, auroit encore de plus grands inconvéniens ; il le rendroit l'unique Juge ; il anéantiroit l'autorité de la Loi dans les Tribunaux, qui n'est autre que l'autorité même du Souverain, & concentreroit en lui toute l'adminis- tration de la Justice. Mais en laissant aux Magistrats l'exercice des fonctions pour lesquelles il les a établi, il veille sur la régularité des jugemens qu'ils prononcent ; il se réserve d'examiner si les formes ont été observées, si la Loi a été suivie dans la route qu'elle prescrit pour parvenir à asseoir une décision : & s'il se trouve que les for- mes aient été violées, il déclare qu'il n'y a point eu de jugement, & renvoie à un autre Tribunal.

Il sçait que s'il vouloit cumuler les deux fonctions si différentes, de Législateur & de Juge, tout seroit confondu, & que rien ne garantiroit ni la stabilité des Loix, ni la certitude de leur application. En effet, le Législateur qui ne se propose que l'intérêt public, ne statue qu'en général ; il embrasse dans l'universalité de ses vues, la totalité des Citoyens ; & n'en considérant aucun en particulier, il est nécessairement exempt de prévention & de tout motif de faveur ou de haine. Mais le Juge qui porte ses regards sur l'affaire soumise à sa décision, peut être susceptible d'affection & de partialité : s'il étoit le maître de statuer à son gré, souvent il dicteroit une Loi, & il ne doit prononcer qu'un jugement : l'administration de la Justice livrée à l'incertitude des opinions, ne présenteroit que l'expression d'une volonté momentanée & souvent contradictoire. Il faut

donc que fon avis foit fubordonné à
une regle conftante, invariable, établie
non pour l'efpece préfente, mais pour
tous les cas femblables, & qu'il ne
foit autorifé qu'à en faire l'application.

Mais fi le Magiftrat, fait pour ftatuer
fur les cas particuliers, ne doit jamais
ufurper la fonction de Légiflateur, &
prononcer de fa propre autorité, le
Souverain étant Légiflateur, doit regarder la fonction de Magiftrat comme
fubordonnée à la fienne, & incompa-
tible avec elle. C'eft lui qui place la
Loi fur le Tribunal, à côté du Juge,
pour être la regle conftante de fes déci-
fions : fi, oubliant que la Loi & lui ne
ne font qu'un, il vouloit s'y affeoir avec
elle, il auroit à craindre que cette unité
fi précieufe ne fe trouvât rompue ; que
fon avis particulier, comme homme, ne
fût pas toujours conforme à fa volonté
légale ; que la Loi, dont les difpofitions
doivent être ftables & irréfiftibles, ne

cédât à l'opinion actuelle du Souverain ;
& que le poids de cette opinion n'en-
traînât le suffrage des Juges qu'il s'asso-
cieroit dans cette fonction, & auxquels
il enjoint, comme Législateur, de ne
déférer qu'à l'autorité de la Loi. Il auroit
à craindre d'ordonner, comme Législateur, lorsqu'il s'agiroit de décider comme
Magistrat, & de dépouiller ainsi les Loix
de l'autorité qui leur est propre, lors
même qu'il prononceroit d'après elle,
en donnant lieu de la confondre avec
l'autorité personnelle dont il est revêtu.
Aussi nos Rois, plus jaloux de régner
par les Loix, que de ramener l'autorité à
leur personne, ont-ils toujours renvoyés
les jugemens à des Tribunaux fixes,
dépositaires des Loix & chargés du soin
de les appliquer. Ils ne se sont réservés,
par rapport à la Justice Criminelle, que
le droit de pardonner, de décharger
de la peine, de la modérer ou de la
commuer, suivant les circonstances :

ils se sont même engagés à ne céder au penchant de la clémence, que dans les cas où la Loi, si elle pouvoit prévoir les especes particulieres, y auroit elle-même consenti : & pour se mettre à couvert du danger de la surprise, ils renvoient aux Tribunaux l'examen des Lettres qu'ils accordent, & ne leur ordonnent d'y déférer qu'autant qu'ils en trouveroient l'exposé fidèle. Ce n'est donc pas comme Juge que le Prince fait grace aux coupables, c'est comme dérogeant à la rigueur de la Loi par la plénitude de sa puissance. S'il exerçoit alors la fonction de Juge, on ne pourroit sçavoir s'il a absous l'accusé comme innocent, ou s'il lui a fait grace ; s'il a parlé comme Magistrat, ou comme Souverain.

C'est ainsi que s'accordent la puissance législative avec l'administration de la Justice, l'autorité souveraine avec l'exercice de cette autorité, confiée à des

Tribunaux défignés par la Loi , & fubor-
donnés au Prince dont ils reçoivent leur
jurifdiction : c'eft ainfi que fe concilient
le pouvoir abfolu avec les droits des
Citoyens , la liberté légitime des fujets
avec l'intérêt de la fociété , qui demande
la punition des coupables.

La liberté civile confifte dans la fûreté
& dans l'opinion qu'on en a ; dans le
droit de faire tout ce qui n'eft pas contraire aux Loix , d'être tranquille fous
leur fauve-garde , de n'être foumis qu'à
leur autorité , & d'être affuré de n'être
jugé que par elles , fi l'on a eu le malheur de les enfreindre.

La maniere de procéder à la punition
des crimes , conftitue principalement
la différence entre les Gouvernemens
fondés fur la Juftice , & les Etats def-
potiques.

Le Defpote ordonne , & il n'eft pas
d'autre Loi que fa volonté : elle eft telle
aujourd'hui , demain elle fera différente ,

& elle ne forme aucun préjugé pour un cas semblable. Cette Loi faite pour l'affaire présente , & sans suite pour l'avenir, s'applique sur le champ à celui qui en est l'objet ; elle s'exécute sans examen , sans forme , sans instruction préalable. Les formes supposeroient la nécessité reconnue de s'assujettir à quelque regle dans les jugemens , & le Despote fait consister son pouvoir à n'en reconnoître aucune : elles supposeroient un Magistrat qui ne prononce qu'avec précaution , & il n'y a ici qu'un Maître qui commande ; un jugement régulier , & il ne s'agit que d'un ordre absolu ; des Citoyens en qui l'on reconnoît des droits , & il n'y a que des esclaves faits pour courber la tête sous le joug , & qui ne jouissent que d'une existence précaire. Là où il n'y a point de Loi , il n'est pas besoin de Tribunaux. Il ne faut que de simples préposés que le Despote établit & destitue à son gré , qui exercent

une autorité semblable à la sienne, &
concentrée dans un seul homme, qui
ne jugent pas, mais qui ordonnent. S'ils
veulent bien prendre la peine de s'instruire avant que de prononcer, c'est
pour leur propre satisfaction : l'accusé
ne sçait pas s'il est condamné par un
acte d'autorité arbitraire, ou s'il a été
convaincu ; si l'on a reconnu son innocence, ou si l'on a voulu lui faire grace.
Il n'y a donc pour les sujets ni sûreté,
ni opinion de leur sûreté ; ils ne peuvent
la tenir que du silence & de l'obscurité
qui les couvrent.

Mais dans les Gouvernemens où le
Souverain a l'avantage de commander
à des hommes libres, l'état des Citoyens
est précieux ; leur honneur, leur vie,
leur liberté sont à couvert sous la protection publique. L'intérêt que la société
prend à la punition des coupables, ne
prévaut pas tellement sur les droits des
Citoyens, qu'aucun d'eux lui soit sacri-

fié sans examen, ou même sur de simples présomptions, quelque graves qu'elles puissent être.

C'est la société qui se prétend blessée, & qui accuse ; c'est à elle à prouver : jusques-là, le Citoyen en possession de son état, ne peut en être dépouillé. Au milieu des fers, il reste vraiment libre ; car il n'est soumis qu'aux Loix, elles le protegent tant qu'il n'a pas encore été déclaré avoir encouru la peine ; & s'il meurt en cet état, il meurt Citoyen. Qu'il soit absous ou condamné, la Loi est également satisfaite ; elle a été obéie, elle venge l'ordre public troublé par un crime, ou maintient dans la personne de l'innocent la sûreté de tous les Citoyens. Mais cet acte définitif sera précédé de l'observation exacte de toutes les formes établies pour convaincre le coupable, ou pour justifier l'innocent ; & l'incertitude qui subsistera jusqu'au jugement, la Loi la tournera en une préfomption naturelle pour l'innocence de l'accufé ; elle lui appliquera la faveur & l'avantage du doute. La conviction manifefte pourra feule changer fon état, lui faire perdre la protection de la Loi pour le livrer à fes vengeances, & faire d'un homicide un acte de juftice.

Ce n'eft donc pas proprement le Souverain, ni les Juges qui décident du fort de l'accufé : le Souverain n'y influe que comme Légiflateur ; le Juge ne fait que conftater le crime, juger de la preuve, & confulter la Loi : c'eft elle qui condamne ou qui abfout. Le crime, la Loi primitive qui le défend, la Loi pofitive qui détermine la peine, la preuve conftatée fuivant les formes reçues ; voilà ce qui forme le jugement définitif qui n'eft qu'une fimple déclaration, & l'application de la Loi à un individu.

C'eft donc en face de la Loi que l'accufé

l'accufé fe défend , de la Loi qui ne cherche pas à le trouver coupable s'il ne l'eft pas , qui ne l'a point eu en vue , qui ftatue en général, & non contre les perfonnes ; de la Loi qui , forcée d'employer contre lui le miniftere des hommes , a établi un ordre d'inftruction le plus propre à éclaircir la vérité & à éviter la furprife. Il fe défend devant un Tribunal qui lui promet la même impartialité , qui n'a pas été compofé pour lui , que la Loi défigne & avoue, que fon domicile ou le lieu du délit lui donne. S'il a de juftes motifs de récufation contre quelques-uns des Juges , il eft admis à les propofer : la Loi toujours jufte , a été attentive à écarter des Tribunaux jufqu'au foupçon de partialité : elle a voulu que l'accufé , affez occupé du foin de fa défenfe, affez accablé de fon infortune , fût tranquille du côté de fes Juges , & n'eût point à craindre les effets de la prévention ou de la haine.

C

Tout crime renferme un attentat contre la société , une violation de l'ordre ,
une infraction des Loix , dont les hommes , en se réunissant , ont cherché
principalement à assurer l'exécution.
Tout crime majeur devient donc une
affaire publique , & doit être poursuivi
sur une accusation publique : aussi chez
les Romains l'accusation étoit-elle ou-
verte à tous les citoyens ; chacun d'eux
sembloit tenir en ses mains les droits
de la patrie , & étoit autorisé à les faire
valoir. Nos Loix ont aussi conservé la
publicité de l'accusation ; mais infiniment plus sages , elles ont , par une
institution admirable , déchargé les citoyens de ce soin , dont l'exercice ne
pouvoit qu'ouvrir la porte aux délations ,
susciter des haines & des vengeances
particulieres ; & elles ont préposé dans
chaque Tribunal un Officier public aux
accusations. Elles ne permettent de se
plaindre qu'aux parties offensées ; & en

les admettant à demander la réparation qui leur est dûe , elles leur interdisent la poursuite du châtiment à laquelle ils ne pourroient se porter que par le desir de la vengeance. Elles séparent ainsi les deux intérêts qui se trouvent à la fois blessés ; celui du citoyen qui exige une réparation , & celui de la société qui demande une peine proportionnée. Elle confie ce grand intérêt à un Officier public , qui sans chaleur , sans animosité , sans passion , se porte pour accusateur.

La partie offensée est libre de ne point agir , de pardonner ou de poursuivre , parce que chacun peut disposer de ses droits ; elle peut après avoir intenté son action , s'en désister ; elle peut composer avec son adversaire , & en tirer , par une transaction , la satisfaction qu'elle pouvoit en attendre. Le Ministere public a un objet indépendant à remplir. C'est la société offensée qui parle en sa personne ; c'est elle qui se plaint, qui accuse, qui poursuit le coupable ; comment pourroit-il disposer d'un intérêt qui ne lui appartient pas ?

Quoique dégagé de tout sentiment de partialité, le Ministere public se regarde comme chargé de la défense de la société ; il cherche des témoins, il ramasse des preuves, & tâche de les accumuler sur la tête de l'accusé ; il semble faire tous ses efforts pour le trouver coupable. On diroit que préoccupé de son objet, il demande une victime, & qu'il craint qu'elle ne lui échappe. Qu'il observe cependant que son zèle doit toujours conserver un caractere de modération qui lui est propre, & qui le distingue de la passion qui anime un accusateur privé. Qu'il mette dans sa poursuite plus d'exactitude que de vivacité ; qu'il y porte la froide inflexibilité de la Loi, & jamais la cha-

leur d'un ennemi ; qu'il attaque le crime,
mais sans animosité personnelle contre
le citoyen ; & en se regardant comme
partie, qu'il n'oublie jamais qu'il est
en même tems Magistrat, & qu'il se
doit à la protection de l'innocent, autant qu'à la poursuite du coupable.

Le Juge remplit une fonction plus
désintéressée. Il est établi Juge entre la
société qui se plaint par l'organe du
Ministere public, & l'accusé qui se
défend ; & il doit éviter comme deux
écueils également dangereux, ou d'iden-
tifier en quelque sorte le crime avec
l'accusé qu'on lui présente, & de le regarder comme coupable avant la conviction, ou de se prévenir trop facilement en faveur de son innocence. La
compassion qui dans les autres hommes
est une vertu, deviendroit en lui une
prévarication, si elle le portoit à dissimuler le crime, ou à favoriser l'impunité. La voix rigoureuse du devoir ferme

son cœur à cette foiblesse, ou plutôt, sans détruire en lui les droits de l'humanité, elle sçait les concilier avec ceux de la Justice. Le sentiment d'indignation qu'excite la vue du crime, est le cri de la Justice qui s'éleve contre le coupable, & le dévoue à la peine. Ce sentiment joint à l'intérêt de la société, arme le Magistrat de force pour la poursuite du coupable ; mais le zèle dont il est animé ne produit point en lui le desir d'une vengeance aveugle & précipitée. Ministre des Loix, il en a tout le flegme : il sçait qu'il n'a de pouvoir que celui qu'elles lui donnent, & tient continuellement les yeux attachés sur elles, pour ne faire que ce qu'elles lui prescrivent, & pour n'en rien omettre. Ce n'est donc pas sur ses lumieres particulieres, ni sur les connoissances qu'il peut avoir, encore moins sur ses soupçons, qu'il se détermine pour ou contre l'accusé ; il ne voit que par les yeux

de la Loi ; tout ce qu'il ne sçait pas
comme Juge , il l'ignore ; tout ce qui
n'eſt pas juridiquement établi , eſt par
lui comme s'il n'étoit pas. A l'exemple
de la Loi , toujours juſte , il craint infiniment plus de prononcer la perte d'un
innocent , que le ſalut d'un coupable :
il frémit à l'idée ſeule d'un tel malheur ,
& redouble d'attention pour l'éviter.

SECONDE PARTIE.

Des Formes & de l'Instruction.

Est sapientia Judicis in hoc, ut non solùm quid possit, sed etiam quid debeat, ponderet; nec quantùm sibi permissum meminerit, sed etiam quatenùs commissum sit. Cicer. pro Rabirio. Post.

Un crime est un fait dont ordinairement il reste des traces, & dont la preuve est facile à obtenir. Mais quel est l'auteur de ce crime ? Il a cherché les ténébres pour le commettre ; il s'y enfonce encore plus, après l'avoir commis, & fait tous ses efforts pour se dérober aux regards pénétrans de la Justice. C'est dans cette obscurité que le Magistrat doit chercher le coupable ; & si de simples indices lui suffisent pour s'assurer d'un Citoyen

suspect, (*a*) la pleine conviction nécessaire pour le condamner ne peut s'acquérir que par un concours de preuves
assez fortes pour lever tous les doutes.

La maniere de rassembler ces preu-

(*a*) La prison par elle-même n'est point une peine.
La détention de l'accusé est une précaution nécessaire
pour s'assurer de sa personne , & l'avoir en sa disposition pendant le cours de l'instruction , jusqu'à la fin
du procès. La prison peut donc renfermer des innocens ,
comme des coupables. Mais de la maniere dont nos
prisons sont construites, elles deviennent une véritable peine : ne seroit-il pas de la justice & de l'humanité de l'adoucir, en les rendant moins dures & plus
saines ; pour cela il faudroit qu'elles fussent plus spa-
cieuses. Elles doivent sans doute contenir des cachots
pour les accusés prévenus de grands crimes , & dont
on doit s'assurer avec les plus grandes précautions : il
n'y a pas même , pour l'ordinaire , assez de cachots pour
séparer les co-accusés , autant qu'il seroit nécessaire ; il
s'agiroit de joindre la sûreté à la salubrité.

Mais ce qui paroît intolérable , c'est qu'il n'y ait
qu'une sorte de prison , de maniere qu'on soit forcé
de renfermer dans la même enceinte que les scélérats,
les gens détenus pour dettes , ou que la Police condamne à quelques jours de prison , par forme de cor-
rection. Il devroit y avoir une prison civile & une
prison criminelle.

ves & de les conftater , eft l'objet de l'inftruction , qui doit être affujettie à des formes fixes & régulieres , afin qu'il ne dépende pas de chaque Juge de fe conduire arbitrairement , & de prendre pour conftant ce qui ne l'eft pas. Auffi les Loix ont-elles donné la plus grande attention à cette partie de la Juftice Criminelle , & cru devoir prefcrire non-feulement tous les actes qui doivent en compofer la fuite , mais la forme de chacun d'eux , & en affurer l'obfervation par la nullité dont elles frappent la moindre omiffion. La preuve la plus complette eft rejettée , fi elle eft irréguliere ; & la Loi , quelque jaloufe qu'elle foit de la punition des crimes , l'eft encore plus de l'obfervation fcrupuleufe des formes qu'elle a établies.

Cette rigueur ne peut paroître minutieufe qu'aux efprits fuperficiels. Les formes font les gardiennes des Loix ; elles garantiffent la maturité des jugemens contre la légéreté de l'esprit humain : elles fixent l'attention du Juge sur chacune de ses opérations ; elles lui font sentir à chaque pas l'empire de la Loi sous les ordres de laquelle il agit , & dont il doit suivre toutes les impressions. Par ces précautions multipliées , la Loi s'assure que les jugemens ne sont point tumultuaires & précipités ; elle annonce combien l'honneur , la liberté & la vie des Citoyens lui sont précieuses ; elle se justifie elle-même aux yeux de l'accusé , & le force d'avouer que s'il est condamné , il ne l'est qu'avec la plus grande maturité.

Le but de l'instruction est de parvenir à la découverte de la vérité que le coupable a si grand intérêt de cacher. Tous les actes qui la composent , sont autant d'anneaux dont est tissue la chaîne , qui en partant d'un fait dont on ignore l'auteur , doit conduire au même fait positivement établi contre un individu certain. Or il n'y a rien d'arbitraire dans les actes que les Loix prescrivent pour conduire à cette découverte.

La plainte n'est d'abord qu'un fait mis en avant pour avertir le Juge, & exciter son ministere. Le plaignant allégue qu'il a été commis un tel crime, qu'un tel en est l'auteur, & demande à le prouver; souvent même il ne nomme pas l'auteur, & en laisse la découverte aux témoins.

Il est d'abord une opération fondamentale & préliminaire, c'est de constater le corps du délit. Avant que de chercher un coupable, il faut s'assurer qu'il a été commis un crime, & en vérifier les circonstances, qui souvent même servent à faire connoître l'auteur & à indiquer les témoins.

La preuve se commence par l'information & l'interrogatoire de l'accusé, qui ne doit pas être jugé sans être entendu dans ses défenses.

Elle ſe perfectionne par le récolement, dans lequel on rappelle au témoin
ſa dépoſition, pour qu'il ſoit à portée
d'y changer, d'y ajouter, ou d'y per-
ſiſter.

Elle ſe conſomme par la confrontation, qui applique à l'accuſé préſent,
ce qui a été dépoſé contre lui ; & lui
permet de préſenter tout ce qu'il croit
capable d'affoiblir, ou de faire rejet-
ter la dépoſition.

La forme de ces actes a ſans doute
beſoin d'être déterminée par des Loix
poſitives ; mais ces Actes en eux-mêmes
ſont pris dans les notions de la plus
exacte Juſtice.

Il ne ſuffit pas que l'accuſé ſoit pré-
ſumé coupable par toutes les circonſtances, il faut le conſtater réguliérement, & prendre, pour éviter la ſur-
priſe, toutes les précautions qu'exige
la prudence. Il faut établir le fait & la
preuve du fait contre lui, & conſigner

cette preuve dans des actes subsistans ,
& revêtus d'une forme qui atteste que
les regles ont été suivies.

Le jugement définitif n'est qu'une
conclusion tirée des premisses , & c'est
l'instruction qui les fournit. Toute l'administration de la Justice Criminelle ,
roule donc principalement sur le Juge
qui en est chargé. Les autres ne peuvent
voir que par ses yeux , & ne décident
que sur la preuve qu'il leur présente. (*a*)

(*a*) Le ministere du Juge d'instruction , est de la
plus grande importance , puisque tout dépend de son
opération. L'instruction étoit publique chez les Romains , & tous les Juges y assistoient : elle est secrette
chez nous , & confiée à un seul homme. Notre usage
est-il préférable ? ne pourroit-on pas prendre un milieu ?
On peut dire , en général , que si le Juge a toutes les
qualités qu'il doit avoir , il n'y a point d'inconvénient
à confier à un homme seul des fonctions aussi délicates ;
& qu'il peut y avoir bien du danger s'il ne les a
pas : mais comment s'assurer s'il les a ? Est-il prudent
d'agir comme si l'on avoit cette certitude ? La Loi doit-
elle si fort présumer de la capacité des lumieres & de
la probité d'un homme , sur - tout lorsqu'il est pris au

Auffi la Loi, en confiant à un feul homme une fonction fi importante , n'y a-t'elle rien laiffé d'arbitraire ; elle a réglé tou-

---

hafard , ou , ce qui eft la même chofe , lorfqu'il ne fe trouve en place que parce qu'il a été en état d'acheter un Office ?

Airault , Lieutenant-Criminel au Préfidial d'Angers, dans fon Ouvrage de l'ordre, formalité & inftruction judiciaire en matiere Criminelle , apporte encore d'autres raifons pour defirer que tous les Juges fuffent préfens à l'inftruction, & trouve de grands inconvéniens à l'inftruction fecrette faite par le Juge , accompagné de fon Greffier : peut-être fera-t-on bien aife d'en trouver ici un extrait. » Nous, dit-il , Livre III ,
» Numéro 67 : Nous, au contraire , fi plus qu'un ou
» deux Juges & le Greffier y font préfens , nous ne
» tenons pas que l'inftruction foit fecrette ; & fi elle
» ne l'eft , tout ne vaut rien. Mais je dis qu'étant
» fecrette comme nous voulons qu'elle foit , elle eft
» fujette à beaucoup d'iniquité & injuftice. Je veux ,
» quant aux Parties, qu'elles n'y foient pas préfentes,
» (& toutefois anciennement, tant s'en faut qu'il fût
» ainfi , que comme nous avons dit , c'étoient les
» Parties & leurs Avocats, lefquels en préfence des
» Juges s'interrogeoient & examinoient eux & leurs
» témoins ;) mais que ceux qui doivent donner avis
» & opinion au procès, le puiffent faire , qu'ils n'ayent
» été & affifté à l'inftruction ; c'eft ce qui fe peut

tes ſes démarches, & ſoumis chaque
acte à des formes rigoureuſes.

Cependant, MM. n'allons pas croire

» dire être par trop abſurde. Voyons comment. Nous
» n'avons partie ſur nous de laquelle ne parlions &
» exprimions ce qui eſt au-dedans, autant & plus que
» de la bouche. Je dis bien davantage; la bouche meut
» le plus ſouvent, ou ſe tient cloſe tout exprès, de
» peur de ſe couper & ſurprendre ſoi-même. Mais
» nos geſtes & mines extérieures, le veuillons ou
» non, parlent toujours & parlent vrai; ſi ce n'eſt en
» une façon, c'eſt en l'autre. S'il eſt donc inique de
» donner ſon jugement ſans ouir, ceux qui n'ont point
» aſſiſté à l'inſtruction faillent en cela doublement;
» ils n'ont vu, ne oui, ſoit l'accuſateur, ſoit l'accuſé,
» ſoit les témoins. Quelques cahiers de réponſes, au-
» ditions, récolemens, confrontations, qu'on leur
» rapporte, qu'ils le liſent & reliſent deux fois, trois
» fois; ils ne voyent pas le procès, ils ne voyent
» que l'ombre & la fumée, les principales Parties y
» défaillent, que ni Rapporteurs, ni Greffiers, ne
» peuvent mettre ni repréſenter ſur le Bureau. Qu'y-
» a-t'il de plus preignant à avérer tous les crimes que
» les yeux, la couleur, les geſtes, la contenance de
» l'accuſé, & non-ſeulement de lui, mais du deman-
» deur & des témoins. . . . . Que ſaiſons-nous
» aujourd'hui? De pluſieurs Juges qui voyent au pro-
» cès, celui qui l'a inſtruit le juge *teſtibus*, les autres

que

que le miniftere du Juge d'inftruction
foit tellement fervile, qu'il n'ait d'autre
mérite que celui d'une fcrupuleufe exac-

» *teftimoniis.* L'un a informé fa religion & confcience
» par-tout le cours du Procès ; les autres en voient
» autant que des chofes mortes & muettes leur en
» préfentent. Les contenances dont les Parties & leurs
» témoins ont ufé le long de l'inftruction font-elles
» au fac? à tout le moins font-elles peintes & en figure
» pour en juger ? . . . . La parole & les geftes
» ne s'accordent pas, la langue dit une chofe, l'épaule
» une autre : même parole la voyant proférer, em-
» porte la négative ; la lifant feulement, emporte
» confeffion. . . . . . . L'action vraie ne fe répète
» jamais ; celui qui a rougi, qui a pâli, qui a tremblé
» à la premiere demande qu'on lui a faite, ne le fera
» pas à la feconde, à la troifiéme encore moins. . . . . .
» Nous ne voyons pas toutes les preuves, ni les meil-
» leures. Les Juges ne croyent pas à celui qui a inftruit,
» les fupérieurs encore moins aux Juges des lieux ;
» c'eft d'où vient tant fouvent qu'ils ouvrent les portes
» à ceux que les inférieurs condamnent, & condamnent
» ceux qu'ils ont abfous. Pourquoi cela? Les uns voient
» la bataille, les autres ce qui en eft écrit, &c.

Ne pourroit-on pas répondre à ce raifonnement
d'Airault, que l'avantage qu'il fait tant valoir dans
l'inftruction faite en préfence des Juges, de les mettre
en état de tirer des inductions des yeux, des geftes & de la

titude, quoique continuellement sous
l'empire de la Loi qui régle tous ses
pas ; il n'est point un instrument passif
& inanimé.

A la vérité, toutes ses démarches sont
ordonnées & tracées par la Loi, tous
les actes qu'il doit faire sont soumis à
des formes rigoureuses ; mais la Loi
ne donne que la Lettre qui peut faire
un Praticien asservi à un mécanisme
d'habitude, & non un Juge éclairé &
capable. L'instruction peut être très-

contenance de l'accusé, n'est peut-être pas aussi grand
qu'il le présente ; que quoique ces indices puissent
faire présumer la vérité, il seroit difficile que la Loi
permît aux Juges de les admettre au rang des preuves,
& d'y avoir égard en jugeant, parce que la maniere
de voir & de saisir ce qu'exprime l'extérieur d'un
homme, deviendroit trop arbitraire. La meilleure raison,
ce semble, est celle qu'il ajoute, que le Tribunal ne
voit le Procès que comme le Juge d'instruction l'a
rédigé, & par son organe ; que la maniere de rédiger
est quelquefois décisive & toujours très-importante,
ce qui donne à un seul homme une très-grande influence
sur le jugement.

réguliere & très-imparfaite, très-conforme à l'Ordonnance, & très-dépourvue de cet esprit qui conſtitue le talent propre à chaque choſe, & met une ſi grande diſtance entre un homme & un autre. Elle demande dans celui qui en eſt chargé, non-ſeulement beaucoup de droiture, de délicateſſe & de zèle pour la Juſtice; mais des diſpoſitions particulieres, & un goût décidé pour un état pénible & déſagréable.

Rédiger les dépoſitions avec préciſion & netteté, ne faire dire aux témoins que ce qu'ils diſent, & le leur faire dire tout entier; ne leur rien ſuggérer, mais ſçavoir démêler dans leur récit ce qu'ils veulent dire, s'ils ſçavoient l'exprimer; être l'accoucheur de leurs penſées, pour nous ſervir de l'expreſſion d'un ancien, & les rendre avec ſimplicité & vérité; n'omettre aucune des circonſtances, & n'en dénaturer aucune; n'en rien affoiblir ni exagérer:

rel est le devoir du Juge par rapport
à l'information , & il faut plus de
talent qu'on ne pense pour le bien
remplir.

Mais quelle présence d'esprit , quelle
sagacité ne doit-il pas mettre dans les
interrogatoires ? Chacun de ces actes
est un combat entre la vérité & le
mensonge , entre le Juge qui cherche
à la découvrir , & l'accusé qui s'obstine
à la cacher, & qui y est déterminé par
le plus grand intérêt. Le Juge ne doit
pas se contenter de simples négations,
il insiste , & pousse l'accusé dans les
derniers retranchemens. Instruit des
circonstances, il les a présentes à l'esprit
pour les mettre sous les yeux de l'accusé , & le forcer de s'expliquer sur
les détails. Qu'il est difficile de soutenir long-tems un mensonge, ou plutôt
une suite de mensonges ! Plus on veut
y mettre d'art, plus on se laisse facilement surprendre. C'est-là où le Juge

attend l'accufé pour le confondre par fes propres réponfes, pour profiter des moindres ouvertures, & le mettre en oppofition avec lui-même.

Cependant qu'un defir trop ardent de parvenir à la preuve n'entraîne jamais le Juge au-delà des bornes que la Juftice & la modération lui impofent ; qu'il ait foin de ne jamais bleffer l'impartialité qui doit former fon caractere, qu'il ait toujours devant les yeux que ce n'eft pas déterminément un coupable qu'il doit chercher dans l'accufé, mais la vérité du fait de fon innocence ou de fon crime. Un interrogatoire peut donc être preffant ; mais qu'il le foit avec mefure, qu'il ne devienne jamais un acte d'inquifi-tion qui tende à créer des crimes, à envenimer des actions innocentes ; qu'il foit adapté & proportionné à l'état, à l'âge & au caractere de l'accufé ; qu'il ne préfente pas un tiffu de queftions cap-tieufes qui foient propres à embarraffer son ingénuité , à égarer sa mémoire , qui tendent à préparer des piéges sous ses pas, à altérer les faits par des rapprochemens étudiés de circonstances étrangeres les unes aux autres , & à ménager des contradictions frivoles entre les réponses.

Ce n'est pas au reste qu'on doive ordinairement espérer la preuve par les interrogatoires. La maniere dont l'accusé se défend suffit presque toujours pour le faire présumer coupable , & rarement pour le convaincre. Mais les présomptions qui en naissent donnent un nouveau poids aux preuves qui sont acquises , & concourent à tranquilliser les Juges sur l'équité du jugement qu'ils vont prononcer. D'ailleurs les interrogatoires fournissent souvent des lumieres qui servent à découvrir de nouveaux témoins , & à expliquer des faits qui étoient obscurs. Pendant que d'une part le Juge les réitere, de l'autre il continue l'information ; il emploie habilement tout ce qui peut conduire à la preuve, il rassemble les indices, & les effets qui doivent servir à la conviction ; il sçait que d'une ouverture imperceptible, d'une circonstance qui sembloit indifférente, il peut sortir une lumiere propre à répandre du jour sur le fait principal. Il s'attache donc à suivre tous les pas de l'accusé, à éclairer toutes ses actions, à marcher sur ses traces, & parvient à constater toutes ses démarches avant & après le crime commis ; de maniere qu'allant ainsi par degrés, il porte la preuve aussi loin qu'il est possible.

Lorsqu'il est parfaitement instruit de tous les détails qui ont rapport au fait principal, il les compare aux réponses de l'accusé, & en tire des inductions pour ou contre lui. L'innocence a une maniere de se défendre qui lui est propre ; elle s'annonce avec un ton d'assurance, elle s'exprime avec une ingénuité qu'il est difficile au crime de contrefaire : elle n'a garde de contredire la vérité ; c'est en elle seule qu'elle trouve sa défense. Mais le coupable la redoute jusques dans les détails les plus indifférens : il croit ne trouver sa sûreté que dans le mensonge, & il le prodigue : il se flatte que le Juge ignore ce qu'il lui demande ; il soutient ne pas sçavoir des choses dont il est nécessaire qu'il ait connoissance, & se met en contradiction avec les faits les mieux constatés. Cette maniere fausse & embarrassée de se défendre, donne une grande force aux preuves directes qui sont acquises contre lui.

Il est encore, dans certains crimes, une connoissance que le Juge ne doit pas négliger ; c'est celle des mœurs de l'accusé & de sa réputation, de l'ensemble de sa vie & de sa conduite. Il doit examiner si le crime a quelque rapport à son caractere, si sa maniere de vivre annonce qu'il pouvoit en être capable ; ou si ses mœurs repoussent tellement l'accusation , qu'il faille faire un effort pour lier l'idée du crime avec l'idée de sa personne , & pour en soutenir la réunion. Il étudiera en même temps quel intérêt auroit porté l'accusé à se rendre coupable; quel motif auroit pu le déterminer ; quel rapport il avoit avec celui qu'il a offensé. Cette comparaison du crime avec l'accusé , établit pour ou contre lui des termes de probabilité qui entrent ensuite dans le calcul général des présomptions , & qui peuvent acquérir un grand poids.

Jusqu'ici l'état de la procédure est encore en suspens : il est incertain quelle route elle va prendre , ayant une égale aptitude à devenir civile ou criminelle. Si le délit n'est pas de nature à mériter une peine afflictive ou infamante , la procédure se termine ordinairement à l'interrogatoire , & l'affaire se juge définitivement à l'Audience en l'état où elle se trouve , ou se convertit en Procès civil. (*a*)

(*a*) Lorsqu'une affaire commencée par voie de plainte se trouve n'intéresser que les Parties , & ne pas toucher à l'ordre public, il y a lieu de renvoyer les Parties à prendre la voie civile. Pour cela , on ordonne la conversion des informations en enquête. On signifie à l'accusé les noms des témoins , & on lui permet de faire preuve contraire.

Cependant dans les affaires légeres, si la preuve se trouve suffisamment faite par les informations, l'accusé lui-même peut consentir à prendre droit par les charges , pour sortir d'affaire par un Jugement définitif ; & le Juge, pour l'intérêt même des Parties , & pour leur éviter des longueurs inutiles , peut statuer sur le fond à l'Audience.

Mais lorsque l'accusé prétend être en état de faire tomber la plainte , & demande à faire preuve contraire, il est de la prudence du Juge de renvoyer les Parties à fin civile.

En général, dans les affaires civiles qui gissent en fait, lorsqu'une Partie affirme, & que l'autre nie, il est indispensable de les admettre respectivement à en faire la preuve. Il est absolument indifférent à la Justice, laquelle des deux Parties réussisse, elle ne fait que recevoir les preuves & les peser. Mais en matiere criminelle, c'est le plaignant seul qui agit ; le défendeur est réduit au silence, il est

Mais si le délit est grave, il est nécessaire de suspendre le jugement, & d'apporter de plus grandes précautions

---

attaqué dans le secret, & n'a d'autre moyen pour repousser l'attaque, que son interrogatoire. Il peut avoir des témoins dont la déposition détruiroit ou affoibliroit la preuve, comme il arrive souvent dans les plaintes pour fait d'injures ou de querelles, & il n'est point admis à les faire entendre. Il résulte de cette différence, que la voie criminelle, dans la forme qu'elle a parmi nous, étant toute en faveur du plaignant, & bien contraire à la liberté naturelle de la défense, ne devroit du moins être employée que dans les cas où l'ordre public est troublé, & où le Ministere public est partie directe, & non dans ceux où il ne s'agit que d'intérêts particuliers & de délits peu considérables. Ce n'est pas garder toute l'impartialité qui doit se trouver dans l'administration de la Justice, que de donner à une Partie un si grand avantage sur l'autre. Mais puisque cette maniere de procéder est admise parmi nous, il seroit du moins du devoir du Juge de refuser dans la plupart des affaires de cette nature qui se présentent, d'admettre la plainte, & de renvoyer les Parties à se pourvoir par demande; d'autant plus que s'il échet de prononcer une réparation pécuniaire, les intérêts civils sont payables par corps, au lieu qu'en matiere civile, les dommages & intérêts ne le sont pas.

pour s'affurer de la vérité. Les témoins ont été entendus ; mais il eft bon de leur remettre fous les yeux leur dépofition, afin qu'ils foient à portée de la confirmer & de l'attefter de nouveau, ou de l'expliquer , de l'étendre, ou de la reftreindre. Tant qu'ils n'ont point été récolés , leur témoignage ne forme encore qu'une indication & une efpece de mémoire, qui n'a pas acquis le fceau de la certitude, & le dégré d'autorité néceffaire pour affeoir un jugement en matiere fi grave.

C'eft le récolement qui donne la perfection à l'information , & la rend authentique & invariable du côté des témoins, qui ne font plus admis enfuite à rien changer dans leur dépofition. (*a*)

(*a*) Les témoins peuvent cependant encore expliquer leurs dépofitions à la confrontation ; mais il ne peuvent la rétracter, ni la changer *dans des circonflances effentielles* , fous peine d'être pourfuivis & punis comme faux-témoins. (*Ordonnance de 1670 , Tit. XV. Art.* 11.)

Elle n'eft cependant pas encore hors
de toute atteinte , il faut qu'elle fou-
tienne l'épreuve de celui qu'elle inté-

La raifon eft que des témoins qui ont prêté deux fermens
à la Juftice, ne doivent pas changer impunément , &
qu'il eft intéreffant pour la fûreté publique , & pour
les accufés, que les témoins ne fe portent pas légérement à dépofer , & qu'ils n'en foient pas quittes pour
une rétractation tardive , après avoir mis en danger
l'état d'un citoyen par une dépofition foutenue du
récolement.

M. le premier Préfident , dans les Conférences
tenues pour la rédaction de l'Ordonnance de 1670 ,
obferva fur cet article , » qu'on ne doute point qu'un
» témoin , qui change entiérement fa dépofition à
» la confrontation, après avoir perfifté au récolement ,
» ou qui varie dans une circonftance qui peut aller
» à établir ou affoiblir la preuve , ne foit confidéré ,
» généralement parlant, comme un faux-témoin ;
» mais qu'il peut être dangereux d'en faire une loi fi
» exacte , parce que quelquefois un accufé peut re-
» dreffer un témoin à la confrontation , en des cir-
» conftances confidérables , & le faire fouvenir de la
» vérité d'un fait qui lui auroit échappé. Cela fe peut
» faire quelquefois de bonne foi de la part des accufés &
» de la part des témoins ; & c'eft rendre la condition de
» l'accufé bien plus mauvaife , fi l'on oblige le témoin à
» ne fe point rétracter à la confrontation , à moins que

reſſe. L'accuſé juſqu'ici n'a eu pour ſe
juſtifier que la voie des interrogatoires ;
il n'a pu repouſſer les coups qui lui

» d'être traité comme criminel. Que tout eſt contre l'ac-
» cuſé juſqu'à la confrontation: car c'eſt-là où il com-
» mence à ſe reconnoître , & à être informé de la qua-
» lité du crime & de la preuve: c'eſt pourquoi il ſembloit
» plus à propos de laiſſer cela à la direction du Juge ,
» qui peut connoître ſi la contrariété qui ſe trouve
» entre la dépoſition , le récolement & la confronta-
» tion du témoin, vient de ſa mauvaiſe foi, ou bien de
» ſon ignorance.

» M. Puſſort a répondu que juſqu'ici il a paſſé pour
» une Loi conſtante établie par les Auteurs , & con-
» firmée par l'uſage , que tout homme qui a prêté
» deux ſermens à la face de la Juſtice , ne peut changer
» impunément. Que l'on a aſſujetti les Juges à faire
» récoler les témoins , afin de leur laiſſer la liberté
» de rappeller leur mémoire ſur les circonſtances du fait
» qu'ils auront avancé : mais lorſqu'ils ont perſiſté en
» leurs dépoſitions par le moyen du récolement , ils
» ont engagé leur témoignage à la Juſtice , & leur
» rétractation ne peut être conſidérée que comme
» l'effet d'une ſubornation. La dépoſition confirmée
» par le récolement, a mis en péril la vie de l'accuſé ;
» que par cette raiſon l'on a cru cet article néceſſaire
» à la ſûreté publique ; & bien-loin de produire de
» faux-témoins dans la néceſſité où il les jette de ſou-

ont été portés dans le secret , & dif-
cuter les témoignages qu'on a raffem-
blé contre lui. S'il eft innocent , il faut
qu'il puiffe confondre la calomnie qui
répand fur lui des foupçons ; & même
qu'il foit coupable , fon fecret eft
à lui : il n'en a pas moins le droit de
travailler à détruire ou à affoiblir la
preuve. Il faut le mettre dans le cas
d'avouer qu'il n'eft condamné , que
parce qu'il a été réguliérement convaincu.

Le témoin , de fon côté , ne peut
affirmer pofitivement fi c'eft de l'accufé
qu'il a entendu parler , à moins qu'il
ne le voie & le reconnoiffe. La confrontation n'eft donc point une de ces

---

» tenir leur témoignage vrai ou faux, lors de la con-
» frontation, qu'au contraire il obligera les témoins à
» s'obferver, & à ne pas rendre légérement leur dépo-
» fition. » Si j'avois à choifir entre ces deux opinions ,
il me femble que je me déciderois pour celle de M. le
premier Préfident.

formalités arbitraires qu'on puisse supprimer ou remplacer : c'est un acte
essentiel à l'instruction, qui doit avoir
également lieu chez tous les Peuples,
comme étant d'une nécessité absolue.
C'est dans ce moment que la déposition s'applique à un individu certain,
& fait charge contre lui : c'est dans ce
moment décisif que l'accusé est admis
à repousser l'attaque, & à détruire ou
affoiblir la preuve par les reproches
qu'il peut avoir à proposer contre le
témoin ou contre sa déposition. (*a*)

(*a*) Ce n'est que par la confrontation, que l'accusé
a connoissance des témoins qui ont déposé contre lui,
& de ce qui est porté en leurs dépositions. Jusques-là
tout lui a été caché. On lui donne lecture de la pre-
misse de chaque déposition ; & c'est d'après cette lecture, qu'il faut qu'il fournisse ses reproches. Faute de
le faire sur le champ, il n'y est plus admis, à moins
qu'ils ne puissent se justifier par écrit. (*Ordonnance de*
1670, *Tit. XV. Art.* 16 & 17.) Ne sembleroit-il pas
que l'Ordonnance n'accorde qu'à regret à l'accusé la
liberté de se défendre. On peut faire la même remar-

Indépendamment

Indépendamment des reproches, l'accusé peut mettre en avant des faits justificatifs. Il les a sans doute déduits dans ses interrogatoires ; mais ce ne sont encore que de simples allégations. Un

---

que sur la maniere dont l'accusé est admis à fournir les témoins pour prouver ses faits justificatifs. Aussi-tôt que le jugement, qui en permet la preuve, lui a été prononcé, il est interpellé de nommer les témoins par lesquels il entend les justifier, & il est tenu de le faire sur le champ, autrement il n'y est plus reçu. Cette précipitation n'a-t-elle pas quelque chose de trop dur, sur-tout lorsqu'on considere que l'accusé est dépourvu de tout conseil, & qu'il peut ignorer des faits qui pourroient lui servir à détruire la preuve, par exemple, des faits de subornation. Ne pourroit-on pas penser en général que nos Loix, en réformant l'ancienne maniere de procéder à la punition des crimes, ont trop incliné contre l'accusé ; qu'elles lui ont laissé trop peu de moyens de se défendre, & qu'elles semblent le traiter pendant le cours de l'instruction, comme un coupable auquel il faut retrancher autant qu'il est possible les moyens de se sauver. Peut-être seroit-il possible de prendre un milieu ; car il seroit d'un autre côté dangereux de laisser à l'accusé la liberté d'incidenter sur tous les actes, & de faire disparoître la preuve, ou de traîner l'instruction en longueur.

E

accufé eft facilement cru dans les déclarations qui peuvent le charger. Ce
qu'il dit pour fa défenfe ne fait prefque
aucune impreffion : fon état lui ôte
toute créance , & dans fa bouche la
vérité ne paffe que pour un menfonge.
Le plus fouvent les défenfes de l'accufé ne confiftent que dans des déné-
gations , ou dans des faits vagues & con-
tredits par des témoignages qui ne laiffent
pas de fufpicion ; faudra-t-il donc fuf-
pendre le cours de la Juftice , & s'arrêter à tout ce que l'accufé préfente
pour retarder le jugement ? Mais il eft
des circonftances où les Juges ne peuvent fe difpenfer d'approfondir les faits
juftificatifs. Un innocent peut être accufé , & avancer pour fa défenfe des
faits qui s'annoncent de maniere à ébran-
ler les preuves , à faire naître des doutes
fur la vérité des témoignages , & à faire
defirer qu'ils foient éclaircis. Un coupable même peut avoir des excufes à

proposer, qui sans détruire le fait du délit, en changent la nature, & le rendent moins punissable ou susceptible de grace. Le Juge qui a recueilli ces faits dans le cours de l'instruction, les soumet à la discussion du Tribunal assemblé pour l'examen du Procès, & lui fait part des instances réitérées que fait l'accusé pour être admis à les établir. C'est en les comparant à toutes les circonstances & à la nature des preuves qu'on a rassemblées, qu'il faut juger de l'attention qu'ils méritent, de leur dégré de probabilité, de la possibilité de les prouver, & de l'effet qu'ils produiront s'ils peuvent être établis, en évitant également de se rendre trop facile ou trop difficile à les admettre. Si l'accusé, abattu par son infortune, négligeoit assez le soin de sa défense pour ne pas insister à demander la preuve de ses faits justificatifs, le Tribunal doit l'ordonner d'office, & le Ministere public qui ne

met, dans la pourfuite, d'autre intérêt
que celui de découvrir la vérité, en
recherchera les preuves avec la même
impartialité qu'il a mis dans fes recherches contre l'accufé.

Chacun des actes qui compofent l'inftruction eft fcellé de la religion du ferment, reconnue par toutes les Nations
comme le lien obligatoire, le plus fort
& le plus facré qui exifte parmi les
hommes. C'eft fous les yeux de Dieu
que les témoins dépofent; c'eft lui qu'ils
prennent pour garant de la vérité de
ce qu'ils avancent. Le Juge qui reçoit
leur ferment eft continuellement averti
de la préfence du fouverain Maître,
vis-à-vis duquel il fe rend dépofitaire
de ce qui va lui être confié, & s'engage
à le faire rédiger avec la plus grande
exactitude.

Il eft jufte d'exiger le ferment des
témoins; leur déclaration va décider du
fort de l'accufé : peut - on lui donner

trop de poids. Mais la Loi positive de-
voit-elle aller plus loin ; & si l'intérêt
de la société offensée , permet de chercher la preuve du crime jusques dans
les replis du cœur de l'accusé , auto-
rise-t-il à employer la religion du serment , comme un moyen d'y pénétrer
plus facilement. Les Législateurs ne
peuvent être trop réservés à ordonner
le serment. Le prodiguer , & l'exiger
sans nécessité , c'est diminuer le respect
dû à un acte si redoutable ; c'est lui
faire perdre une partie de l'autorité qu'il
a sur les hommes ; c'est les induire à
le regarder comme une cérémonie sans
conséquence , & une pure formalité.

L'inutilité reconnue du serment , pour
tirer la vérité de l'accusé , suffiroit pour
convaincre la Loi positive qui l'ordonne ,
d'avoir manqué son objet. Que seroit-ce ,
si à la lumiere de cette Loi antérieure
à toutes les Loix positives , & qui doit
être la raison universelle de leurs dispo-

fitions, on examinoit s'il eſt bien conforme aux notions exaЄtes de la Juſtice,
de demander à l'accuſé la déclaration
de la vérité ſous la foi du ſerment ?

Que le Juge l'interroge, la Juſtice
l'exige ; il doit être entendu dans ſes
défenſes : *nemo inauditus condemnari
debet*. Que le Juge aille plus loin, que
par des queſtions multipliées il embar-
raſſe l'accuſé, qu'il le faſſe tomber en
contradiЄtion avec lui-même, qu'il pro-
fite de tous ſes aveux, qu'il ſaiſiſſe la
vérité qui échappe ſouvent par l'étude
même qu'on met à la cacher; il n'excede
point en cela les bornes de ſes fonctions : il ne fait que ſe meſurer, pour
ainſi dire, avec l'accuſé, & le com-
battre à armes égales, ſi tant eſt
qu'elles le ſoient entre un homme qui
n'a pour défenſe que ſes réponſes, &
un Juge qui, muni des connoiſſances
qu'il a déja acquiſes par l'inſtruЄtion,
vient avec tout l'appareil & le poids

de sa place, assiéger un cœur où le crime encore tout fumant a tant de peine à se cacher. Le Juge n'a-t-il donc pas assez d'avantage ; faut-il qu'il aille de plus emprunter le secours de la Religion, & s'armer du serment ? Est-il des occasions où la Loi positive soit autorisée à placer un homme dans la cruelle alternative de contribuer à sa destruction par un aveu, ou d'offenser Dieu par un parjure ? Son pouvoir va-t-il jusqu'à forcer de choisir entre les sentimens naturels & les sentimens religieux, & à mettre en opposition un si grand intérêt avec un si terrible devoir ? L'homme est presque invinciblement porté à la conservation de son être, & ce penchant intime prévaudra toujours sur les moyens que la Loi positive peut employer pour le vaincre. Envain appellez-vous le secours de la Religion pour vous aider à arracher à l'accusé ce fatal secret que l'amour de son existence lui inspire de vous cacher.

pour le forcer à se condamner lui-même,
à contribuer à sa perte, à devenir l'arti-
san de son supplice? La nature plus
forte ici que la Religion avec laquelle
vous la compromettez, se révolte, &
rompt ce lien dont vous voulez l'en-
chaîner.

Qu'attendez-vous donc du serment
que vous ordonnez, si ce n'est un parjure? Quel fruit en prévoyez-vous, si
ce n'est d'accumuler un nouveau crime
sur une tête coupable? Vous demandez
le plus généreux sacrifice en faveur de
la vérité, à un cœur endurci dans le
crime & familiarisé avec lui : eh bien,
il va le prêter ce serment que vous exi-
gez ; & si quelqu'un en frémit, c'est
le Juge, forcé malgré lui de se conformer à la Loi, qui voit prendre Dieu à
témoin de la vérité, & qui n'attend que
des mensonges.

La connoissance de l'homme est la
science des Législateurs ; mais c'est

bien peu le connoître, que de le forcer de choisir entre l'amour de sa conservation & la crainte d'offenser Dieu ; & si l'on ne doute pas de son choix, comme l'expérience ne le permet gueres, ordonner le serment, qu'est-ce autre chose que de présenter l'occasion d'un parjure.

Pourquoi faut-il que des payens se soient montrés plus religieux que nous, & plus pénétrés de respect pour la religion du serment ? Jamais les Romains ne l'ont exigé des accusés : *inhumanum est*, dit la Loi, *per Leges quæ perjuria puniunt, perjurii viam aperire.* A l'exemple des Romains, les autres Nations ne l'ont point admis. D'où nous viendroit donc cet usage, l'aurions-nous tiré des Tribunaux de l'Inquisition, où la confession du coupable est regardée comme essentielle à la condamnation ? Cette origine seroit pour des

François un nouveau motif pour le
proscrire. (*a*)

Mais que vois-je ? La preuve n'est
pas encore acquise, le Juge travaille à
l'obtenir, la Loi ne l'autorise pas encore à déclarer un coupable, & j'entends les cris perçans du désespoir ; j'ap-
perçois l'accusé environné de bourreaux,
aux prises avec la douleur, & le Juge
qui préside à ce supplice. Quelle espece
de fonction exerce-t-il donc ici ? Et
quel peut être l'objet de la Loi qui dirige toutes ses démarches ? Punit-il un
coupable ? Mais il n'y en a point encore de déclaré : cherche-t-il à le découvrir ? Mais ce cruel moyen suppose
ce qui est en question. Où est donc

(*a*) Jusqu'à l'Ordonnance de 1670, ce serment
n'étoit fondé qu'en coutume. C'est la premiere de nos
Loix qui l'ait ordonné, malgré les représentations si
belles & si lumineuses de M. le Premier Président.
Voyez le Procès-verbal des Conférences.

cette balance équitable que la Justice
doit tenir pendant le cours de l'inftruction ? Où est ce caractere d'impartialité qu'elle impose à ses Ministres ?

Le Juge, après avoir épuisé tous les
moyens de compléter la preuve, désef-
pere d'y parvenir ; il se lasse de la chercher inutilement dans les dépositions
des témoins & dans les réponses de
l'accusé ; il se rébute des vains efforts
qu'il a faits pour pénétrer malgré lui dans
les replis de son cœur ; & dans ce moment oubliant que l'accusé n'est pas encore convaincu, il se détermine, pour
le forcer de s'avouer coupable, à le
traiter par avance comme tel : la Loi
positive qui lui a fait un devoir d'employer la religion du serment, pour con-
traindre l'accusé à se condamner lui-
même, l'autorise ensuite à opposer à la
résistance un moyen plus efficace. Elle
lui met en main un nouveau genre de

pouvoir ; elle arme son bras contre un citoyen ; elle lui permet d'attaquer un être foible & sensible, par l'impression terrible des tourmens, de percer à l'aide d'un instrument si actif dans le plus intime de sa conscience, & de déchirer, par l'excès de la douleur, ce voile dont l'intérêt de sa conservation l'obligeoit de se couvrir.

Le Juge interroge d'abord en intimidant l'accusé par l'appareil de la torture : bientôt il insiste, & le presse par l'aiguillon de la douleur, qu'il gradue, qu'il suspend ou redouble en raison des refus ou des aveux.

Quoi donc ! c'est de la force d'un accusé, de la texture de ses muscles, & de leur dégré de sensibilité que va dépendre son sort ! C'est son tempérament, plutôt que son innocence, qu'on met à l'épreuve. S'il est robuste & coupable, il se sauve ; mais qui peut soutenir cette alternative sans frémir ? Il peut être (*a*) foible & innocent , & il périt.

Quel est l'homme qui puisse répondre de lui-même , & se promettre de résister à la douleur, lorsque portée à

(*a*) Peut-être sera-t-on bien aise de voir ce que pensoit Montagne sur la question. » C'est une dange-
» reuse invention , dit-il, que celle des gehennes , &
» semble que ce soit plutôt un essai de patience que
» de vérité. Et celui qui les peut souffrir cache la vé-
» rité , & celui qui ne les peut souffrir. Car pourquoi
» la douleur me fera-t-elle plutôt confesser ce qui en
» est, qu'elle ne me forcera de dire ce qui n'en est pas.
» Et au rebours , si celui qui n'a pas fait ce de quoi
» on l'accuse , est assez patient pour supporter ces
» tourmens , pourquoi ne le fera celui qui l'a fait ,
» un si beau guerdon que la vie lui étant proposé.
» Je pense que le fondement de cette invention vient
» de la considération de l'effort de la conscience. Car
» au coupable il semble qu'elle aide à la torture pour
» lui faire confesser sa faute , & qu'elle l'affoiblisse ;
» & de l'autre part, qu'elle fortifie l'innocent contre
» la torture. Pour dire vrai , c'est un moyen plein
» d'incertitude & de danger. Que ne diroit-on , que
» ne feroit-on pour fuire de si griéves douleurs : *Etiam*
» *innocentes cogit mentiri dolor.* D'où il advient que

l'excès elle s'empare de toutes les facultés , qu'elle abforbe tout autre fen-
timent , & qu'elle occupe toutes les
puiffances de l'ame ? L'innocent , dans
cette cruelle fituation , va fe couvrir
du crime que vous lui imputez , s'il croit
y trouver un afyle contre la fenfation
qu'il éprouve. Des Juges éclairés font
fans doute trop circonfpects pour ordonner cette épreuve de maniere à pouvoir craindre un pareil malheur ; il eft

---

» celui qui le fait mettre à la gehenne pour ne le faire
» mourir innocent, le fait mourir innocent & gehenné.
» . . . . . . Plufieurs Nations moins barbares en cela
» que la Grecque & la Romaine, qui les appellent
» ainfi , eftiment horrible & cruel de tourmenter &
» de rompre un homme de la faute duquel vous êtes
» encore en doute. Que peut-il mais de votre igno-
» rance ? Êtes-vous pas injuftes , qui pour ne le tuer
» fans occafion , lui faites pis que de le tuer. Qu'il
» foit ainfi ; voyez combien de fois il aime mieux
» mourir fans raifon , que de paffer par cette informa-
» tion plus pénible que le fupplice , & qui fouvent
» par fon âpreté , devance le fupplice & l'exécute.
(*Effais de Montagne , Livre II. Chap. 5.*)

poſſible cependant , & il ſuffit qu'il le ſoit pour les faire trembler.

Mais la Juſtice conſidérée dans la pureté de ſes principes , & indépendamment de ce danger , peut-elle approuver la queſtion comme un moyen d'éclaircir la vérité? Tant qu'un homme n'eſt pas condamné, n'eſt-il pas incertain s'il eſt innocent ou coupable; la ſociété a - t-elle rompu les liens qui l'attachoient à elle , & doit - elle retirer de lui ſa protection? Son ſort ne reſte-t-il pas en ſuſpens, tant qu'il n'eſt pas convaincu; & l'accuſation fut-elle jamais un titre pour aſſeoir une peine?

Mais ſi la Loi ne voit encore en ſa perſonne qu'un Citoyen & non une victime , peut-elle préjuger & punir; a-t-elle le droit d'employer un ſi terrible moyen pour obtenir la conviction, d'interroger la conſcience par les tourmens, & d'arracher à un accuſé, par l'excès de

la douleur, un aveu qui doit le conduire au supplice. (*a*)

La question a déja contre elle l'exemple de plusieurs peuples modernes qui

---

(*a*) La Loi a senti l'irrégularité des aveux que le Juge
obtient par les tourmens, & a cherché en quelque
sorte à la réparer, en ordonnant un nouvel interrogatoire sur les déclarations & sur les faits par lui con-
fessés. (*Ordonn. de* 1670, *Tit.* 19. *art.* 11.) Le but de cet
interrogatoire est de s'assurer si l'accusé persiste, & de
leur donner plus de poids, en leur ajoutant en quelque
sorte le mérite d'un aveu libre. Mais si l'accusé n'y
persiste pas ; s'il soutient que c'est la violence de la
douleur qui lui a extorqué ces aveux, parviendra-t-il
à les détruire & à en empêcher l'effet? C'est sur quoi
la Loi auroit dû s'expliquer, sans en laisser le soin aux
Commentateurs. Ils distinguent à cet égard, & en con-
venant que l'aveu d'un fait simple peut être extrême-
ment affoibli par la dénégation subséquente, ils soutien-
nent que si toutes les circonstances du crime qui résultent
de cette confession, s'accordent avec ce qui est prouvé
au procès, ensorte qu'il ne soit pas moralement possible
qu'elles soient si parfaitement connues par un autre que
par celui qui est l'auteur du crime, on ne doit pas avoir
beaucoup d'égard à sa dénégation postérieure, & qu'on
peut passer outre à la condamnation. En effet, la question
ne seroit d'aucune utilité, si l'accusé, par une simple

l'ont

l'ont réprouvée, & qui regardent comme un des effets des avantages de la civili-sation, de l'avoir abolie. (*a*)

Pourquoi ne défirerions-nous pas de voir la France fuivre un exemple qu'elle auroit dû donner, & cet ufage, fi con-traire au mœurs d'une Nation douce & policée, reléguée dans ces Tribu-naux odieux érigés par le fanatifme, &

---

dénégation, pouvoir détruire tout ce qu'il a avoué. Mais l'Ordonnance auroit dû s'en expliquer, d'autant plus qu'il fe trouve une autre Ordonnance de Louis X, qui porte, art. 4: *Que pour la gehine, nul ne foit condamné, ne jugié, s'il ne perfevere en fa confeffion par temps fuffi-fant après la gehine.*

(*a*) Nos Loix militaires n'ont point admis la queftion. N'eft-il pas fingulier que des Loix faites pour des hom-mes, accoutumés à l'auftérité du commandement, foient moins dures que des Loix faites pour des Citoyens, & dont l'exécution eft confiée à des Magiftrats ? Mais la raifon de cette fingularité eft peut-être que les Loix militaires font plus nouvelles. C'eft auffi fans doute, par la même raifon, que la queftion préparatoire eft abfolument défendue par les Loix que le Roi a données à la Corfe.

institués pour en perpétuer les horreurs sous une forme judiciaire.

Aussi, MM. des Magistrats pénétrés de l'esprit de ces premieres Loix auxquelles les Loix humaines ne peuvent déroger, & jaloux de conserver toute l'impartialité qu'exige leur fonction de Juge entre la société & l'accusé, seront toujours très - réservés à ordonner la question préparatoire, si même il est des circonstances où ils croyent pouvoir le faire. C'est un moyen de plus, que l'Ordonnance leur offre pour obtenir la preuve ; mais elle n'a pu leur imposer l'obligation de s'en servir. (*a*)

____

(*a*) Il y a deux sortes de questions préparatoires : *la question sans réserve de preuves, & la question avec réserve de preuves.* Lorsque l'accusé condamné à la question *sans réserve de preuves* n'a rien avoué, les indices & les preuves qui subsistoient contre lui sont purgées, & il ne peut plus être condamné à aucune peine.

Lorsque la question est ordonnée *avec réserve de preuves,* quoique l'accusé l'ait soutenue sans rien avouer,

Il y a sans doute une grande distinction à faire entre la question préparatoire & la question préalable. La pre

---

les indices ne font pas purgés, & il peut être condamné à toutes fortes de peines, à l'exception de
celle de mort.

L'Ordonnance de 1670, Tit. 19. art. 1. permet aux
Juges d'ordonner la question, s'il y a preuve confidérable d'un crime qui mérite la mort, & qui foit
conftant. Mais à quel dégré doit être la preuve pour
être jugée fuffifante pour la question? Le mot de preuve
confidérable eft très-vague, & dans le vrai, il eft très-
difficile de déterminer le dégré.

La question *avec réferve de preuves*, étant une plus
grande peine, puifqu'elle fait exception au principe
naturel qu'un homme qui a foutenu cette terrible épreuve, doit avoir acquis à ce prix l'exemption de la peine;
il faut une preuve plus forte pour pouvoir l'ordonner.
L'Ordonnance auroit dû, ce femble, en prévenir les
Juges, & dire que l'accufé ne pourra y être condamné
que dans le cas où la preuve approchera de la pleine
conviction. L'Ordonnance cependant fe contente de
dire, art. 2 : *Les Juges pourront auffi arrêter que, nonob*
ftant la condamnation à la queftion, les preuves fubfifte
ront en leur entier, pour pouvoir condamner l'accufé à
toutes fortes de peines pécuniaires ou afflictives, excepté
toutefois celle de mort, à laquelle l'accufé, qui aura fouffert
la queftion fans rien avouer, ne pourra être condamné, fi

miere devroit être absolument abolie ; mais si l'on croit devoir conserver la seconde , elle ne devroit être ordonnée

---

ce n'est qu'il survienne de nouvelles preuves depuis la question. Ces termes semblent confondre les deux questions , & en laisser totalement le choix à l'arbitrage du Juge.

Mais ne peut-on observer qu'il s'agit ici d'un crime capital , & qui emporte la peine de mort , & que ce ce crime est prouvé ou n'est pas prouvé. S'il est prouvé, point de difficulté ; il faut condamner à mort , & il n'y a pas lieu d'ordonner la question. S'il n'est pas prouvé suffisamment , on cherche à compléter la preuve par le moyen de la question.

Si la question ne produit rien, comme il arrive souvent , la preuve reste pour le moins au même point , quoiqu'on puisse dire qu'il devroit résulter de la question soutenue , une espece de préjugé en faveur de l'accusé. Or , ne paroît-il pas difficile de concevoir que le crime, n'étant pas prouvé suffisamment pour prononcer la peine qui lui est propre , soit reputé l'être suffisamment pour prononcer une peine différente & moindre. Il faut donc dire alors , pour justifier cette contradiction, que ce qui manque à la preuve , est suppléé par la grièveté du crime, ou que ce qu'on retranche de la peine , fait compensation avec ce qui manque à la preuve. Mais , en ce cas , comment peut-on déclarer l'accusé atteint & convaincu ? La conviction doit

qu'avec la plus grande réferve, parce qu'elle n'eft pas fans danger. Sans doute un homme condamné au dernier fup-

---

également être acquife pour condamner aux galeres, que pour condamner à mort ; & le fait de la conviction eft indépendant de la peine qu'on prononce.

Ce que l'on peut dire de mieux pour juftifier la queftion, *avec réferve de preuves*, c'eft que des Juges inftruits ne l'ordonnent que lorfque la preuve approche de la pleine & entiere conviction, lorfqu'ils font intimement convaincus que l'accufé eft le coupable, lorfqu'il fe trouvent partagés, & que les uns, croyant voir la preuve entiere, & étant difpofés à prononcer la peine de mort, les autres héfitent encore par délicateffe, & envifagent la reffource de la queftion qui peut réuffir & lever tous les fcrupules. Dans ce cas, la queftion *avec réferve de preuves*, s'offre à eux comme un parti mitoyen qu'ils embraffent pour fe concilier, & fans lequel ils auroient pu fe concilier pour la peine de mort. L'accufé peut alors y gagner, en ce que s'il foutient fans avouer, il échappe à la mort qu'il auroit pu encourir fans cela. Mais il ne feroit pas à propos, non plus que la preuve étant à ce point contre lui, il pût fe fauver en entier par ce moyen, & qu'il fût cenfé avoir purgé une preuve auffi forte. Voilà à peu-près ce que l'on peut dire de plus favorable. Mais il femble que l'Ordonnance auroit dû reftreindre la queftion *avec réferve de preuves*, dans cette hypothefe.

F üj

plice n'eſt plus Citoyen ; il devient eſ-
clave de la peine : la ſociété qu'il a
offenſé , a droit d'exiger de lui qu'il

Mais ſi l'on peut trouver quelques moyens pour juſtifier la queſtion , dans le cas où la preuve approche de
la pleine conviction , aucune raiſon ne peut engager à
conſerver celle pour laquelle on exige ſeulement que
la preuve ſoit conſidérable ; & même la réclamation
paroît univerſelle contre la queſtion préparatoire ſans
diſtinction. Monteſquieu ne daigne pas même agiter s'il
eſt à propos de conſerver la queſtion ou de la ſupprimer,
& ne fait aucune diſtinction entre les différentes
eſpeces de queſtions. » Tant d'habiles gens , & tant
» de beaux génies , dit-il , ont écrit contre cette prati-
» que, que je n'oſe parler après eux. J'allois dire qu'elle
» pouvoit convenir dans les Gouvernemens deſpoti-
» ques , où tout ce qui inſpire la crainte entre plus
» dans les reſſorts du Gouvernement ; j'allois dire.....
» mais j'entends la voix de la nature qui crie contre
» moi.

Le vœu de M. le premier Préſident , lors de la rédaction de l'Ordonnance de 1670 , étoit d'ôter abſolu-
menr la queſtion préparatoire , & M. Puſſort n'en étoit
pas éloigné. Quant à la queſtion préalable , c'eſt une matiere à doute & à diſcuſſion. Elle a ſes inconvéniens
& ſes avantages. Si l'on réformoit nos Loix pénales,
& qu'on reſtreignît la peine de mort au meurtre &

répare cette offense en lui découvrant ses ennemis, & la torture fait une partie de son supplice. Mais si elle n'a point d'inconvénient par rapport à lui, ce moyen de découvrir les complices n'a-t'il donc rien de dangereux. Comme elle ne peut avoir d'autre objet que de les connoître, il faut d'abord que le Procès établisse qu'il y en a ; & même il faut qu'il fournisse contr'eux une preuve déja bien avancée. En effet, s'il n'y a qu'un foible commencement de preuve, si les charges les plus fortes qui pourroient résulter de la question ne suffisent pas pour compléter la preuve, quel en sera le succès ? Le témoignage même qu'on peut en tirer a-t'il autant de poids qu'un témoignage ordinaire ; & ne doit-on pas considérer

---

aux crimes majeurs, la question préalable auroit lieu bien moins souvent, puisqu'elle ne peut s'ordonner que contre un homme condamné à la mort.

le moyen par lequel on l'a obtenu. Si l'excès de la douleur détermine un homme condamné à la queſtion préparatoire à s'accuſer lui-même, malgré l'intérêt ſi puiſſant qui l'oblige à ſe taire, que ne peut pas lui faire dire la douleur contre un tiers ſur lequel on l'interroge, dans un moment où il n'a plus rien à ménager pour lui-même ? Mais s'il n'y avoit contre ce tiers que des indices, voilà donc ſon état compromis par un témoignage extorqué. Il n'y a plus qu'un pas à faire pour achever de le perdre. C'eſt de prendre droit de cette derniere charge, de la réunir aux preuves qu'on croyoit avoir déja pour le condamner à la queſtion préparatoire, même ſans réſerve de preuves. La douleur pourra lui arracher l'aveu d'un crime qu'il n'a pas commis ; & ſa condamnation ſera l'effet d'une double violence.

En général, la queſtion eſt un arme bien terrible : un uſage ancien l'a introduite, nos loix l'ont adopté : l'usage & la Loi sont deux titres bien respectables, mais ils ne sont pas infaillibles ; & combien de Loix anciennes ont été reconnues vicieuses & ont été abrogées. L'usage est-il toujours un guide assuré, & les Loix, en l'admettant, peuvent-elles en ôter les inconvéniens. Il est une regle plus sûre où les hommes doivent toujours puiser pour y chercher la perfection des Loix : *la Justice essentielle est absolue*, dont les déductions sont mieux apperçues & développées dans un temps que dans un autre, à l'aide des réflexions & des lumieres qui se perfectionnent.

Seroit-ce donc manquer de respect à l'autorité, seroit-ce blesser la soumission qui lui est dûe, que de discuter la Loi, & de la confronter à cette regle toujours vivante, qui est le type & le modèle que le Législateur s'est proposé de suivre ? Eh, comment les Loix po-

fitives pourroient-elles acquérir la perfection dont elles font fusceptibles , fi
l'hommage qui leur eft dû excluoit tout
examen , fi le progrès des lumieres &
des connoiffances ne fervoit peu-à-peu
à les réformer ?

Les Ordonnances de 1667 & de
1670, font fans doute un des monumens
les plus folides & les plus glorieux du
dernier fiécle : elles font le fruit du
travail des plus grands Magiftrats dont
les lumieres ont été réunies , & ont con-
couru à ce grand ouvrage. Mais ces
Loix , dans la confection defquelles on
peut remarquer que l'impreffion de l'autorité fe fit trop fentir , font-elles nécef-
fairement fi parfaites qu'on ne puiffe rien
y changer d'après un fiécle d'expérience
& de réflexions. Si elles avoient des défauts , doivent-ils être immuables ; pourquoi nous interdirions - nous l'efpérance
de les voir corrigés? Eft-ce donc par l'effet
d'une fatalité inévitable , que de tous

les abus, ceux qui sont consacrés par les Loix, soient les plus difficiles à réformer? Pourquoi faut-il que de toutes les connoissances humaines, celles qui concernent la Législation soient les plus longues à acquérir, & qu'elles soient encore infiniment plus longues à passer dans les Loix, de maniere que la Législation d'un Peuple se trouve souvent infiniment au-dessous de ses connoissances & de ses lumieres actuelles?

TROISIÉME PARTIE.

Des Jugemens & des Loix pénales.

.... *Adsit*
Regula , peccatis quæ pænas irroget æquas ;
Ne scuticâ dignum , horribili sectere flagello.
    Hor. Lib. I. Serm. 3.

L'INSTRUCTION ne se fait que pour
parvenir à l'application des Loix , par
le jugement définitif. Lorsqu'elle a com-
plété la preuve de l'innocence ou du
crime , ou que la preuve trop forte
pour permettre de décharger l'accusé ,
ne l'est pas assez pour le condamner ;
la décision se présente d'elle - même ,
& le Juge ne reste pas dans l'état violent de l'incertitude & du doute : ce
n'est pas lui qui prononce, ce sont les
preuves d'un côté , & la Loi de l'autre. Il
ne fait que déclarer si la preuve du

crime eſt acquiſe contre l'accuſé, &
lui appliquer la peine s'il eſt convaincu;
l'abſoudre ſi ſon innocence eſt reconnue;
le mettre hors de Cour, s'il reſte contre
lui des ſoupçons; ou bien ordonner &
attendre de nouvelles preuves.

Mais il arrive quelquefois que l'inſtruction, quoique pouſſée auſſi loin qu'il
a été poſſible, laiſſe des nuages dans
l'eſprit, & jette les Juges dans l'indé-
ciſion. La preuve, ſans être pleinement
ſatisfaiſante, approche très-fort de la
pleine conviction; ſous un point de
vue, elle paroît ſuffire; ſous un autre,
elle laiſſe ſubſiſter des doutes. Le Juge,
livré en quelque ſorte à lui-même, dépourvu de l'appui de la Loi qui ne peut
l'éclaircir ſur la nature & le dégré de
la preuve, ne trouve de reſſource que
dans ſes lumieres. C'eſt alors qu'on voit
les opinions ſe partager, ſuivant que
chacun eſt affecté de la preuve. Les
uns la trouvent complette & ne balan-

cent point à appliquer la peine, les autres la defireroient plus entiere. Dans ces cas difficiles, chacun des Juges doit recueillir toute fon attention, & réunir tout ce qu'il trouve en foi de lumieres & de fagacité, pour former une opinion dont il puiffe lui-même être fatisfait.

Se dépouiller de toute prévention pour apprécier avec juftelle les motifs pour & contre, étudier avec foin l'impreffion que les différentes preuves font fur l'efprit des autres, écouter leur avis avec tranquillité, pefer leurs raifons fans y acquiefcer par voie d'autorité ; ne pas déférer trop facilement à l'avis du Juge qui a inftruit, parce qu'ayant fait tous fes efforts pour parvenir à la preuve, il peut préfumer trop aifément y avoir réuffi ; combiner foi-même la force des dépofitions & des indices, les réfumer, & les rapprocher pour les balancer ; ne pas fe préoccuper tellement du crime qu'on s'obstine à en voir la preuve , & ne pas tellement insister sur ce qui peut rester douteux , qu'on se dissimule ce qui est clairement établi ; écarter la certitude humaine qui résulte du Procès , pour ne s'attacher qu'à la certitude juridique à laquelle seule la Loi veut qu'on ait égard ; & juger si elle est acquise , en évitant également les deux excès d'une trop grande facilité & d'une rigueur trop austere : telles sont les regles générales qu'on peut proposer ; mais dont l'application est très-difficile , & laisse souvent dans la perplexité les Juges les plus instruits & les plus capables.

Le pouvoir des Législateurs ne s'étend que sur les actions. Les sentimens , les dispositions intérieures , les volontés qui ne sont pas réduites en acte , rendent coupable devant Dieu qui sonde les cœurs , & pénetre dans les replis les plus intimes , mais ne peuvent être du ressort

de la justice humaine, qui ne s'étend
que sur ce qui est extérieur.

Les Législateurs peuvent-ils faire un
crime d'une action permise en elle-
même , & la soumettre à une peine ?
C'est demander si la moralité des actions
qui les rend bonnes ou mauvaises , est
au pouvoir des hommes, & si la Justice
est d'institution humaine. Les Loix pénales sont sans doute des Loix positives ;
mais la raison de ces Loix ne l'est pas ;
elle doit se puiser dans la Justice primitive ; elle est écrite dans le Code de la
nature , où l'homme la découvre dis-
tinctement, en faisant usage de son intel-
ligence. Une Loi pénale , dont la raison
ne seroit pas une déduction nécessaire
de ces premieres Loix qui font la source
de toute Législation ; une Loi, qui puni-
roit une action indifférente en elle-même,
& permise , seroit un pur acte d'autorité
arbitraire.

Les Loix de la Justice par essence
n'ont

n'ont pas befoin d'être écrites. Jamais il ne fut néceffaire de porter de Loi pour défendre le meurtre & le vol. Le vice de ces actions eft décidé par les notions communes à tous ; mais la mefure des peines dûes à chaque crime refte dans l'indécifion, & ne peut être déterminée que par la Puiffance fouveraine. C'eft ici où commence & finit en même-temps la fonction du Légiflateur. La Loi de la Juftice par effence, décide que telle action eft un crime, un trouble apporté à la fociété, le Légiflateur ftatue le châtiment. Son office eft rempli ; il a pourvu à la fûreté de la fociété, en affurant l'exécution des Loix éternelles de la Juftice ; il a muni ces Loix de la *fanction* extérieure qui leur manquoit ; & qu'il ne prétende pas étendre auffi loin que leurs prohibitions, l'exercice de fon autorité ? Elles condamnent une infinité d'actions qu'il ne doit pas entreprendre de punir : fon

pouvoir eft borné par l'intérêt de la fociété pour lequel feul il eft établi.

Quoique la peine, confidérée du côté
de l'autorité qui la définit, foit de droit
pofitif, fa mefure n'a rien d'arbitraire.
Elle doit fe trouver dans une jufte proportion avec le crime, & le préjudice
qu'il caufe à l'ordre focial.

L'intérêt de la fociété eft qu'il fe
commette peu de crimes, & qu'ils foient
d'autant plus rares, qu'ils font plus capables de la troubler, & qu'il eft plus
difficile aux citoyens de s'en garantir.
Le Légiflateur a donc deux devoirs à
remplir : il doit d'abord s'attacher à
prévenir les crimes par la fageffe de
fon adminiftration ; & fon pouvoir à
cet égard eft infiniment plus étendu
qu'on ne penfe. Mais comme il eft des
hommes qui ne peuvent être détournés
du mal que par la crainte, & que le
Gouvernement le plus fage ne peut
prévenir tous les défordres que caufent

les paſſions, il doit décerner des peines propres à les réprimer & à ſervir d'exemple.

Traiter comme égaux des délits diſproportionnés ; punir avec la même rigueur un crime capital & une ſimple faute, ſeroit violer les Loix de la Juſtice, qui doivent toujours être la raiſon des Loix poſitives, & qui, en admettant des dégrés dans les fautes, indiquent aſſez qu'il doit y en avoir dans les peines.

Mais ne conſulter que la griéveté intrinſeque du crime, ſans avoir égard à la nature du tort qu'il cauſe à la ſociété, & aux moyens que les citoyens ont pour s'en garantir, c'eſt ne voir qu'une partie des motifs qui doivent concourir dans la détermination de la peine.

Perſonne ne peut faire, qu'un crime qui a été commis ne l'ait pas été, & la peine corporelle ne pouvant détruire le fait, ne peut être regardée comme une véritable réparation de l'offense faite à l'ordre public : mais la société a deux intérêts dans la punition des crimes ; celui d'empêcher le coupable de lui nuire par la suite, & dans tous les cas la réclusion préfenteroit un moyen fuffifant ; & celui de frapper les yeux du peuple par des exemples capables de le contenir.

La néceffité de l'exemple eft vraiment le feul motif qui puiffe rendre légitime les peines corporelles, & celle de mort en particulier. Le motif de la vengeance ne peut être admis dans la caufe publique : la vengeance eft une paffion, & la fociété en eft exempte, parce qu'elle n'a de volonté que la volonté commune. Or la Loi qui en eft l'expreffion, agit fans paffion, fans haine & fans colere ; elle ne punit qu'à regret ; elle ne peut ordonner la perte d'un citoyen que malgré elle, & forcée par la néceffité d'oppofer au crime la crainte & l'exemple du châtiment.

A cet égard, l'intensité des peines est-il toujours le moyen le plus efficace ? Si le sang que le meurtrier a répandu s'éleve contre lui & le dévoue, au supplice ; s'il est juste de retrancher du nombre des vivans, celui qui n'a pas craint d'attenter à la vie de son semblable ; s'il est encore d'autres crimes qui, par leur griéveté & par leurs suites, semblent mériter la mort, n'en est-il pas d'autres aussi pour lesquels nos Loix peuvent paroître avoir excédé la mesure, & trop penché du côté de la rigueur ? En général, ne pourroit-on pas examiner si, pour prévenir & arrêter quelques-uns des crimes que nous punissons du dernier supplice, il ne seroit pas plus conforme aux regles de la Justice distributive, & peut-être même plus propre à atteindre le but que doit se proposer le Législateur, d'employer des peines

moindres en elles-mêmes , qui au lieu
d'anéantir le coupable , & d'effrayer
pour un moment par le spectacle bientôt oublié de son supplice , le tiendroient
continuellement exposé aux yeux des
citoyens dans un état humiliant & pénible , formeroient ainsi un exemple toujours subsistant , & ne permettroient
jamais de séparer l'idée du crime de
celle du châtiment ?

Les peines sont un des grands ressorts
du Gouvernement : c'est l'affoiblir , c'est
lui ôter une partie de son action , que
de le forcer par une rigueur excessive ,
en punissant trop sévérement des crimes , qui pourroient être également
réprimés par un moindre châtiment ;
comme ce seroit inviter en quelque
sorte au mal , que d'user d'une trop
grande indulgence. (*a*)

____

(*a*) La mesure des peines est une des parties les plus
délicates & les plus difficiles de la Législation , parce
qu'elle doit être le résultat de plusieurs considérations

Les peines quelles qu'elles soient,
doivent être fixes, constantes, déter-
minées de la maniere la plus précise

---

très-graves, qui doivent être pesées séparément, rappro-
chées ensuite, & mises en même-temps dans la balance
pour y valoir chacune suivant leur poids.

Le vol avec effraction est infiniment plus grave que
le vol simple. Mais ce qui doit beaucoup contribuer
à lui faire infliger une peine plus rigoureuse, c'est
qu'il est facile de se garantir du vol simple de la part
des étrangers, en fermant ses portes & mettant ses effets
sous la clef. Mais, si ma porte & les murs de ma
maison ne me servent pas de barriere & de défense
contre le crime, je n'ai plus d'abri, il n'y a plus pour
moi de sûreté. La Loi doit donc ajouter à la peine,
en raison de la difficulté qu'il y a à se garantir de l'attaque. A cet égard, la porte la plus mauvaise & le mur
le plus foible doivent être regardés comme une défense
égale à la barriere la plus forte, parce que la maison
du citoyen est son asyle : sa chaumiere est aussi respecta-
ble aux yeux de la Loi, que la maison la mieux cons-
truite : elle doit même être d'autant plus protégée, qu'elle
est plus foible. On doit d'ailleurs considérer, dans la fixa-
tion de la peine, que le vol simple peut être l'effet du
premier moment, & d'une convoitise excitée par la
vue subite de l'objet, au lieu que le vol avec effraction
ne peut être entrepris que par un complot formel,

pour chaque genre de crime, afin que
les sujets sçachent à quoi ils s'exposent
en les commettant, & que les Magis-

& un dessein prémédité qui annonce une bien plus grande perversité.

Il en est de même du vol de grand chemin, comparé
au vol simple; il attaque sensiblement la sûreté publique & l'intérêt de la société, qui exigent que les
chemins, qui sont le moyen de communication entre
les hommes, puissent être fréquentés sans rien craindre.
D'ailleurs, comme je l'ai dit plus haut, moins les citoyens ont de défense à opposer à un crime, plus la
Loi doit le punir avec rigueur : il faut que la Loi supplée
& remplace ce qui manque à leur sûreté. Je ne puis
voyager sans passer par les chemins, & je ne puis
en y passant m'enfermer & me barricader comme dans
ma maison. J'oppose au voleur avec effraction une
barriere qu'il rompt; sur un chemin, je ne puis lui en
opposer aucune.

On doit faire le même raisonnement sur le vol
domestique : ce qui le rend bien plus grave que le vol
simple, c'est l'abus de confiance qu'il renferme, & l'im-
possibilité qu'il y a de s'en garantir.

Le vol des choses confiées à la foi publique, telles
que les récoltes, les échalats dans les vignes, les bois
sur un chantier ou dans la vente, &c. devroit être
plus puni que le vol simple, parce que ces choses

trats , qui principalement dans cette matiere ne doivent être que l'organe de la Loi, n'ayent point à interpréter ,

---

font néceſſairement expoſées , & ne peuvent être garanties que par la ſévérité de la peine.

Mais les vols de grand chemin avec effraction , & domeſtiques , doivent-ils être punis de mort ? J'oſerois penſer le contraire. Il y a ſans doute trop de diſtance entr'eux & le vol ſimple, pour leur infliger la même peine. Mais ne pourroit-on pas trouver une peine intermédiaire , plus grave & plus ſérieuſe que les Galeres , & qui tînt le coupable ſous les yeux du Public , dans l'état le plus abject & le plus pénible ? N'y a-t-il pas même , ſous un autre point de vue , du danger à les punir de mort ? Ce qui réduit enſuite à ne plus mettre de différence que dans le genre du ſupplice , entre ceux qui ſont coupables de ces crimes , & ceux qui y ont ajouté l'aſſaſſinat , & des excès de cruauté qui ne ſont que fréquens. Punir le voleur de mort , n'eſt-ce pas en quelque ſorte l'inviter à cumuler les deux crimes , & le porter à chercher ſa ſûreté par le meurtre des témoins qui peuvent le décéler ? Il ſe fût peut-être abſtenu de cet excès , ſi le ſoin de ſa vie , qu'il voit également expoſée par le ſeul vol, ne l'eût engagé à s'aſſurer, par un crime plus grand encore, l'impunité du premier.

La Loi, qui prononce la peine de mort contre le duel , n'eſt pas faite pour être exécutée. Elle ſe trouve en contradiction avec le préjugé du faux honneur qui

à étendre, ni à modifier ; mais seule-
ment à constater le fait, à établir la
preuve contre l'accusé, & à lui appliquer la peine.

Ce seroit une opération bien digne
d'occuper les Législateurs, que celle
d'examiner les Loix pénales, de les
refondre, de les combiner avec les

---

l'emportera toujours sur elle. Ce seroit ce préjugé
qu'il faudroit tâcher de détruire. On le favorise, au
contraire, & on le protege : quiconque refuse de se
battre, est déshonoré & forcé de quitter son Corps.
La profession des armes ne se soutient que par l'honneur.
Si le préjugé fait consister l'honneur à se battre, c'est-
à-dire, à violer les Loix de la Justice, & les premiers
principes de l'ordre civil, qui ne défendent rien tant
que l'usage de la force privée, la sévérité de la peine
est un frein aussi inutile que mal conçu ; on se fera
un point d'honneur de le braver. C'est donc le préjugé même qu'il faut attaquer, & l'on ne peut l'attaquer avec succès que par des peines qui portent sur
lui. Il faut imposer à ce crime une peine déshonorante ;
il faut dégrader celui qui est l'aggresseur, & qui, par
une insulte, a donné lieu au duel ; il faut expulser ou
punir par la perte de son rang, celui qui y a répondu,
au lieu de se pourvoir pour obtenir une réparation, &c.

crimes, de les mesurer avec l'intérêt de la société, & de porter dans ce travail les lumieres que doit fournir la connoissance plus développée des principes de la Justice, des ressorts du cœur humain, & des moyens de conduire les hommes. Cette partie, quoique la plus importante de la Législation, a été aussi négligée parmi nous, que les autres ; & ce qui même est inconcevable, elle est restée dans un désordre singulier. La même Loi devroit renfermer toutes les peines applicables aux différens crimes, de maniere à dispenser de toute recherche, & à lever toute incertitude. Mais vous le sçavez, MM. Et si l'on vous demandoit où se trouvent nos Loix pénales, vous seriez forcé de répondre qu'elles sont répandues & dispersées dans une infinité de Loix anciennes & nouvelles, qu'à peine sçait-on où les trouver, & qu'elles s'exécutent en quelque sorte, plutôt comme tradition & ufage , que comme Loi formelle & écrite. Il faut en effet parcourir des Recueils entiers pour les rafsembler ; & l'on y trouve des Loix qui varient fur la peine , & d'autres qui font tombées en défuétude , fans qu'on ait même pris le foin de les révoquer.

N'a-t-on pas lieu de s'étonner également, fi l'on confidere le nombre & la variété de nos Tribunaux. L'adminiftration de la Juftice eft en même tems le premier objet & le principal avantage de l'ordre civil, & le premier attribut , comme le premier devoir de la Souveraineté. C'eft pour la faire diftribuer dans toutes les parties de l'Empire, & maintenir par elle la liberté , la fûreté perfonnelle , & la propriété des biens , que le Souverain eft revêtu du droit de commander, & armé du pouvoir de fe faire obéir. Cette autorité eft inaliénable & incommunicable de fa nature. Par quel abus fe trouve-

t-elle parmi nous difperfée en tant de
mains, attachée à la poffeffion d'une
infinité d'héritages, & devenue un
bien patrimonial & privé.

Envain dira-t-on, pour excufer une
inftitution fi bizarre, que c'eft toujours
l'autorité fouveraine qui s'exerce par
toutes ces fubdivifions, comme par autant
de canaux dérivés d'elle originairement,
& qui remontent à leur fource, non-
feulement par les dégrés de la féoda-
lité, qui aboutiffent de toute part au
Souverain comme au centre commun,
mais auffi par la miffion que les Juges de
Seigneurs reçoivent des Juges Royaux,
& par le droit d'appel qui ramene à un
feul point toute l'adminiftration de la
Juftice : il n'en eft pas moins évident
que ce démembrement d'une autorité
unique de fa nature, & qui eft le patrimoine public dépofé dans les mains d'un
feul, eft un défordre dans la confti-
tution politique ; défordre qui auroit dû

ceffer avec le Gouvernement féodal
dont il dérive. Pendant une longue
suite de fiécles, notre hiftoire eft proprement celle de la formation de l'autorité fouveraine , & des efforts néceffaires pour la dégager des entraves
du Gouvernement féodal. Nos Rois ,
conftans dans cette grande entreprife,
n'ont omis aucune occafion d'affoiblir
& d'abaiffer le pouvoir de leurs Vaffaux.
Ils ont favorifé les affranchiffemens ,
aboli la fervitude, & établi les communes. Ils font parvenus à enlever aux
Seigneurs le droit de battre monnoie,
le port d'armes , & le droit de faire la
guerre, & ont enfin élevé une autorité
réguliere fur les ruines de l'anarchie
féodale. Il n'y avoit plus qu'un pas à
faire pour rendre à la fouveraineté fon
plus bel attribut dans toute fa plénitude. Mais on s'eft borné à réprimer
les plus grands abus de ces démem-
bremens de la Juftice ; & nos Rois, con-

tens de la supériorité, ont laissé sub-
sister ce partage comme décoration de
Fief. Mais peut-on se dissimuler les
inconvéniens qui en résultent? Dans la
Justice civile, augmentation de frais &
d'un dégré de Jurisdiction; longueur &
retardement dans l'expédition des affaires. Dans la Justice criminelle, le mal
est encore plus sensible; il va souvent
à favoriser l'impunité, & à tolérer le
crime. L'instruction est coûteuse, les
Seigneurs qui n'estiment dans ce droit,
que ce qu'il a d'honorifique, ne cherchent qu'à se soustraire à la dépense
qu'il entraîne. Et combien de fois n'ar-
rive-t-il pas que des Juges trop faciles
& trop complaisans, connivent avec
les Seigneurs, soit pour ne pas entreprendre la poursuite des crimes, soit
pour favoriser ou dissimuler l'évasion
des accusés. D'ailleurs l'instruction criminelle est-elle donc une fonction si
facile & si peu importante pour pou-

voir sans inconvénient être confiée à des Juges, qui n'ont presque jamais l'occasion d'acquérir les lumieres & l'expérience qu'elle exige ? (*a*)

(*a*) Depuis que ce Discours a été prononcé, on a remédié à l'inconvénient des Justices Seigneuriales, par rapport à la poursuite des crimes. Le Roi, par son Edit de Février 1771, a cru devoir venir au secours des Seigneurs Hauts-Justiciers, & assurer le maintien de l'ordre public, & la punition des crimes, en leur épargnant les frais de la poursuite. L'article 1⅔ porte : » *Voulons* » *qu'en matiere criminelle, lorsque les Juges de Seigneurs* » *auront informé* & décreté avant nos Juges, *l'instruc-* » *tion en premiere instance soit faite* à nos frais : mais que » dans le cas où nos Juges auroient prévenu ceux des » Seigneurs, l'instruction en premiere instance soit faite » aux frais désdits Seigneurs. Pourront les Procureurs » des Seigneurs, incontinent après l'information & le » décret, en envoyer une grosse à nos Procureurs, » pour la procédure être continuée par nos Officiers. » L'art. 15 ajoute : » Voulons qu'en cas d'appel, tous » les frais de transport, de renvoi, d'exécution, même » ceux des instructions que nos Juges croiront néces- » saires, soient dans tous les cas à notre charge, *sans* » *aucune répétition contre les Seigneurs.* » Ces mêmes dispositions sont encore confirmées par des Lettres-Patentes du 15 Septembre 1771, qui ajoutent même,

Nous

Nous ne pouvons, MM. que former des vœux pour voir toutes ces émanations de l'autorité souveraine se réunir à la

---

que *que dans tous les cas, la procédure sera aux charges du Roi.*

Au moyen de cette facilité, les Seigneurs ont le plus grand intérêt à faire poursuivre les crimes par leurs Officiers, puisque toute la procédure doit se faire à leurs frais, s'ils se laissent prévenir par le Juge Royal. Voilà certainement une Loi sage, une Loi qui est sûre d'atteindre à son but, parce qu'elle met en action l'intérêt particulier, & qu'elle porte en même-temps sa peine & sa récompense.

Pendant la premiere année, elle a eu l'exécution la plus entiere. Non-seulement la procédure commencée se continuoit aux frais du Roi, mais il faisoit rembourser aux Seigneurs les frais faits jusqu'au renvoi. On estimoit que l'intention avoit été qu'il ne leur en coûtât absolument rien pour l'instruction, puisque le Roi déclaroit s'en charger *en entier & dans tous les cas*; & qu'il se seroit formellement expliqué, s'il eût voulu leur laisser supporter les premiers frais de l'instruction.

Il paroît que depuis on a interprété autrement la Loi, & qu'on a cessé de lui donner cette exécution, en refusant de tenir compte des premiers frais.

Il seroit bien fâcheux qu'on allât plus loin, & que la considération de la dépense qui en résulte l'emportât sur l'intérêt social, & engageât à abolir une Loi si sage, soit

H

source , & l'administration de la Justice replacée toute entiere dans la main du Souverain , acquérir , par la perfection

---

dans le fait , soit par une abrogation formelle. On prétend que l'on commence déja à décerner des exécutoires contre des Seigneurs pour les frais d'instruction continuée & achevée par les Juges Royaux ; on ne connoît cependant aucune Loi qui ait dérogé à l'Edit de 1771.

Quelque soit l'épuisement du revenu public , causé ; non pas tant par la somme de l'impôt , que par la maniere dont il est assis ; il semble que ce n'est pas dans les dépenses qui tiennent immédiatement à la sûreté publique , qu'il est bon de porter l'économie. Combien ne se trouve-t'il pas d'autres dépenses ou superflues , ou qu'il est possible de réduire ? Et l'administration de la Justice n'est-elle pas le premier besoin social , comme le premier devoir du Souverain ?

Qu'on ne dise pas , pour autoriser la suppression d'une Loi si salutaire , que les Seigneurs ne possedent les Justices qu'à la charge d'en faire les frais , & que la prévention donnée aux Juges Royaux , est un moyen de punir leur négligence. Ce principe a toujours eu lieu ; mais on sçait en même-temps , par l'expérience , que les Seigneurs ne cherchent qu'à se dispenser des frais , & qu'ils en trouvent les moyens : on sçait que le droit de prévention n'est pas un moyen suffisant pour les engager à poursuivre ; parce que les Juges Royaux le plus souvent n'ont pas connoissance des cri-

des Loix, toute la simplicité & la dignité qu'elle devroit avoir. En attendant
un changement si desirable, il est du

mes ; que la célérité est un point essentiel ; que leur
éloignement les empêche de s'assurer des coupables ;
dont les Seigneurs eux-mêmes sont intéressés à favoriser l'évasion.

Si l'on trouve une sorte de contradiction à charger
le Roi de la poursuite, en laissant les Justices aux Seigneurs, il vaudroit peut-être mieux la faire disparoître,
en supprimant les Justices Seigneuriales ; sauf à indem-
niser les Seigneurs, si, compensation faite des avantages & des charges attachées aux droits de Justice ;
il peut leur être dû une indemnité. Il n'y a pas à balancer
entre la décoration des terres & la gloriole de ceux
qui les possedent, & l'intérêt de la société, le maintien
de l'ordre & la sûreté publique.

Quelque parti que l'on prenne sur les Justices, n'est-
ce pas une contradiction formelle & bien importante
à faire cesser, de prétendre que les crimes soient pour-
suivis & punis, & de charger des particuliers d'en
faire les frais ?

Puisque c'est l'économie qu'on cherche pour le Roi,
qui peut paroître avoir dans ses revenus des moyens
suffisans pour procurer à ses sujets la plus grande sûreté
intérieure ; il est un point dans lequel on pourroit
trouver une épargne sans sortir de cette matiere. Dans
les Procès criminels sujets à l'appel, & qui de toute

devoir des Magiſtrats, de reſpecter l'état actuel, d'obéir aux Loix qui ſubſiſtent, & de ſe conformer à cette diviſion de pouvoir & de territoire.

---

part ſont portés dans les Parlemens, on n'envoie pas les minutes avec l'accuſé ; on les met en groſſe, & les Greffiers, qui n'ont pas d'autres ſalaires pour tout ce qui ſe fait à la requête du Miniſtere public, & qui ſont payés de ces groſſes à 4 ſols 6 deniers du rôle, les multiplient le plus qu'ils peuvent. On voit des Procès criminels qui forment 12 & 1500, & juſqu'à 3000 rôles. C'eſt le profit du Fermier qui gagne au débit du papier timbré ; mais c'eſt le Roi qui paye l'impôt & ces énormes écritures. Ne ſeroit-il donc pas plus ſimple d'envoyer les minutes, qu'on renverroit au Greffe du premier Juge après l'appel jugé ? Rien n'eſt ſi fatigant que de lire ces groſſes ; on ne fait que tourner la feuille, la vue ſe fatigue, & l'attention ſe perd. D'ailleurs, qui eſt-ce qui garantit l'exactitude de la collation ; & quel danger ne peut-il pas s'enſuivre ? Il eſt vrai qu'il faudroit en ce cas payer le Greffier qui n'a rien pour les minutes, lorſqu'il travaille à la requête du Miniſtere public ; mais il en coûteroit certainement moins de le payer pour les minutes, puiſqu'il faut que le prix des groſſes paye le ſalaire de la groſſe & de la minute, & que ce prix de la groſſe eſt en grande partie débourſé par lui en ſalaires de copiſtes.

RÉFLEXIONS

SUR LA RÉFORME

DE LA

LÉGISLATION CRIMINELLE.

RÉFLEXIONS

Sur la Réforme de la Législation Criminelle.

JE n'ai pu dans un Ouvrage nécessairement très-court, qu'indiquer les principales réformes, qu'exigeroit notre maniere de poursuivre & de punir les crimes. Une matiere aussi importante demanderoit un examen étendu & approfondi.

Il est dans la Législation deux écueils également à craindre : celui du changement & de l'inconstance, qui prive les Loix d'un de leurs caracteres essentiels, qui est la stabilité ; & celui de les regarder comme tellement immuables, qu'on se refuse aux changemens nécessaires.

De ces deux écueils, celui dans lequel on tombe le plus souvent, est celui de négliger les réformes utiles ; & cet inconvénient est dans la nature même des choses. Une Loi portée est mise dans le dépôt de la

G iv

Légiſlation, & confiée à la garde des Tribunaux, dont le devoir eſt de l'étudier,
d'en faire l'application, & d'en procurer
l'exécution. Ce devoir exige de leur part
l'attachement aux Loix, d'où ſuit le vœu
de leur ſtabilité : à ce motif, ſe joint l'uſage
ſi puiſſant ſur les Compagnies, qui devient
encore un autre obſtacle aux réformes. Si
les Loix étoient parfaites, cette diſpoſition
des Magiſtrats n'auroit aucun inconvénient :
elle eſt dans l'ordre, parce qu'il eſt dans
l'ordre que la Loi ſoit bonne, & que tant
qu'elle ſubſiſte, ceux qui ſont chargés de
ſon exécution doivent la regarder comme
telle.

Ces conſidérations peuvent donc être un
obſtacle à ce que ce ſoit des Tribunaux que
naiſſe d'abord le deſir des réformes. Les vues
propres à perfectionner les Loix, ne doivent
naturellement y pénétrer, que lorſqu'après
avoir été long-temps diſcutées & débattues,
elles ont commencé à faire changer, ou
du moins à partager l'opinion publique.

Les Loix poſitives ſont de deux ſortes :
les unes ſont abſolument mauvaiſes ; elles
ne doivent par être réformées, mais abro-

gées. Les autres font bonnes quant à leur fin, mais défectueuses fous certains rapports, & fufceptibles de perfection.

Une Loi eft mauvaife, lorfqu'elle eft purement arbitraire, & qu'elle n'a point un objet d'une *véritable* utilité : je dis *véritable*, ce qui fuppofe qu'elle a fa raifon plus ou moins éloignée dans *les Loix* de *l'ordre focial* clairement connues ; & cette condition bien obfervée, feroit d'abord un grand retranchement dans les Codes de bien des Nations. Il eft auffi des Loix vicieufes, qui cependant font abfolument néceffaires ; mais qui ne le font que comme fuite de Loix & d'inftitutions arbitraires : en ce cas il faut faire ceffer l'inftitution qui les exige, & fa chûte entraînera celle des Loix qui ne font faites que pour elle. (*a*) C'eft un mal de furcharger

---

(*a*) Tel eft le genre des Loix pénales portées contre la contrebande. Elles font néceffitées par la forme de l'impôt, quoique peut-être on puiffe dire qu'elles excedent la mefure. Il faut donc examiner fi cette forme ne pourroit pas être changée ; fi en elle-même elle n'eft pas contraire à l'intérêt du Souverain & à celui de la Nation : s'il n'y auroit pas moyen de lever la même fomme par une perception plus fimple & moins fâcheufe, moins contraire aux droits de la propriété & à la fûreté des Citoyens ; fi indépendamment de ces inconvéniens, cette forme n'eft pas contraire à l'intérêt de la réproduction, &c. &c.

Si cet examen conduifoit à reconnoitre la néceffité de réfor-

la Législation d'une foule de Loix inutiles
au bien de la société ; comme c'est un défaut
dans la mécanique, de multiplier les mouvemens & les resforts au-delà du besoin.
Il n'y a donc point de Loi indifférente. En
effet, toute Loi ordonne ou défend ; & si
elle le fait arbitrairement, elle n'est propre
qu'à gêner la liberté : les atteintes qu'elles lui
portent, loin d'être compensées par quelque
utilité réelle, ne produisent qu'un embarras
social, & une espece d'obstruction dans le
corps politique. A force de se voir enjoin-
dre des choses indifférentes & inutiles, ou
défendre des choses permises, les Citoyens
s'accoutument à mépriser la Loi, dont ils
ne peuvent découvrir de motif légitime ;
& ce mépris conduit aisément à celui des
véritables Loix. Le nombre des infracteurs
se multiplie ; il faut punir, & ne faire que
punir : & si l'on s'en lasse, comme il arrive

---

mer cette institution, il deviendroit inutile de discuter les
Loix pénales, qui ne sont faites que pour la maintenir. La
rigueur même de ces Loix qui prodiguent la peine de mort,
des galeres, du bannissement, pourroit servir d'argument contre
l'institution même qui semble les nécessiter. Peut-elle être
bonne, & entraîner des suites aussi fâcheuses, & des châtimens
aussi disproportionnés avec la nature de l'action considérée en
elle-même, & qui n'est devenue condamnable qu'en conséquence de la Loi qui l'a érigée en délit ?

ſouvent, on laiſſe tomber la Loi en dé-
ſuétude. Mais il vaudroit bien mieux l'abro-
ger formellement ; car il eſt toujours à
craindre que des gens mal aviſés ne la re-
mettent en vigueur par ignorance ou par
mauvaiſe foi : c'eſt un épouvantail toujours
ſubſiſtant, dont on peut trop facilement abuſer.

Mais une Loi, quoique bonne & néceſſaire
quant à ſa fin, peut être défectueuſe, parce
qu'elle peut s'être trompée ſur le choix des
moyens.

Elle eſt bonne dans ſon objet, lorſque
ſa raiſon eſt priſe dans les Loix naturelles, qui
ont beſoin d'être annoncées & publiées ſous
la forme de Loix poſitives : ces Loix primitives contiennent les rapports de l'homme
avec la nature, & avec ſes ſemblables; mais
ces rapports ſont ſouvent trop nombreux,
trop compliqués, pour qu'il ne ſoit pas néceſſaire de les déterminer, & d'en annoncer
les réſultats & les conſéquences avec une
autorité viſible, qui les éleve au-deſſus de
la contradiction, & leur concilie le reſpect
univerſel. D'ailleurs l'exécution des Loix
étant confiée à des hommes, les moyens de
les appliquer ne doivent pas être laiſſés à

leur choix. Les jugemens doivent être soumis à des formes, & il faut des Loix poſitives pour les régler.

La matiere des délits eſt ſans doute la plus
dégagée par elle-même de tout arbitraire,
celle où la Juſtice s'énonce avec le plus de
ſimplicité : il eſt évident cependant qu'elle
a beſoin de Loix poſitives, & que ces Loix
peuvent être plus ou moins parfaites.

La Loi naturelle défend telle & telle action :
mais elle ne porte pas de peine ; & les
hommes entraînés par les paſſions, ſe feront
un jeu de la violer. Il faut donc que la Loi
poſitive vienne à l'appui, en prononçant la
peine qui doit être énoncée clairement avec
préciſion, appliquée à chaque eſpece de
crime, combinée ſur ſa nature, ſur l'état
des perſonnes, ſur l'intérêt de la ſociété,
& ſur le rapport du crime avec cet intérêt.
Mais ſur - tout le Légiſlateur doit être bien
perſuadé que l'intenſité des peines n'eſt pas
le meilleur moyen de réprimer les méchans,
& de diminuer le nombre des crimes. Il a en
main un moyen bien plus efficace ; c'eſt de
réformer les mœurs de ſa Nation ; entrepriſe
qui n'eſt nullement au - deſſus des forces de

l'autorité, & dans laquelle elle réussira par
une administration conforme à l'ordre qui
rendra le Peuple plus heureux, & en même-
temps plus sage, plus retenu, plus observa-
teur des Loix & de la Justice; sur-tout lorsque
cette administration sera soutenue par l'instruction, qui dirige l'opinion publique, qui
entretient les sentimens d'honneur & de probité, & répand la connoissance des droits
& des devoirs de l'homme; & c'est ce que
j'ai fait voir dans mon Ouvrage de l'*Ordre
social*, (cinquième Discours.)

Il faut ensuite, pour appliquer les Loix
pénales, que le délit & l'auteur du délit
soient constans : or il faut encore des Loix positives, pour prescrire la maniere de parvenir à cette connoissance ; & ces Loix positives ne doivent être nullement arbitraires.

Les Loix criminelles se divisent donc
nécessairement en deux genres ; les Loix
d'instruction, & les Loix pénales. La raison
de ces Loix est immuable ; mais la maniere
dont elles parviennent à leur but, ne l'est pas.
Elles sont susceptibles de défauts & de réforme ; & par conséquent elles peuvent se perfectionner par la réflexion & par l'expérience.

Depuis un siecle que l'Ordonnance Criminelle est portée, l'expérience doit avoir fait reconnoître la nécessité de plusieurs changemens. D'ailleurs la Morale civile est aujourd'hui plus connue & plus développée qu'elle ne l'étoit alors.

Quant à nos Loix pénales, ce n'est pas proprement une législation à réformer, mais à créer. Le désordre, dans cette partie si importante, est tel qu'on ne sçait où prendre ces Loix, & qu'on a la plus grande obligation au Magistrat qui les a ramassées de tous côtés, pour les réunir en un seul volume. *Ces Loix*, dit-il dans sa Préface, *sont répandues dans un si grand nombre de volumes, qu'il est très-difficile de les rassembler.* Mais comment donc les connoître & les appliquer, si l'on ne sçait où elles se trouvent ? La peine, cette partie de la Loi qui doit être si clairement déterminée, est donc abandonnée à l'arbitrage du Juge, qui est réduit à juger par similitude & par approximation, ou qui n'a d'autre guide qu'une espece de tradition : s'il ne veut pas se contenter de cette regle si incertaine, ou si elle vient à lui manquer dans une espece qui n'eſt pas ordinaire , où ira-t-il donc en chercher une plus certaine ? Mais dans cette foule de Loix, comment démêler celle qu'il faut prendre ? Quel riſque même ne court-il pas de choiſir dans ces Loix oubliées & ſurannées, une diſpoſition qui n'a plus lieu , & qui eſt révoquée ſoit expreſſément, ſoit par le non uſage ?

On a peine à croire qu'une Nation policée depuis long-tems ait un Code pénal auſſi informe ; & ſi en paſſant par - deſſus cette confuſion , on vient à l'examen réfléchi des diſpoſitions , on n'eſt pas moins ſurpris de voir ſi peu de rapports & de proportion entre les délits & les peines. Tout paroît être l'ouvrage du haſard & des circonſtances. La plus grande rigueur s'annonce de toute part ; elle eſt quelquefois telle , que la Loi ne peut paſſer que pour être comminatoire ; elle manque ſon effet par ſon excès ; & le Juge fait un acte de Juſtice en la modifiant , ou même en ne lui donnant aucune exécution. On pourroit en donner bien des exemples. (*a*)

(*a*) Par exemple, combien de Loix portées ſur le fait de la Religion, à la fin du dernier ſiecle & dans celui-ci, qui mérite-roient un nouvel examen; je ne dis pas ſeulement d'après les

Depuis quelques années, plusieurs Magistrats de Cours Souveraines paroissent s'occuper du dessein de travailler à des projets
de réforme ; & ils sentent que ce seroit par

---

vraies notions de l'intérêt social & de la nature de l'autorité
souveraine, mais aussi d'après les principes exacts de la Religion
divine que nous professons, qui, bien connus, ne peuvent jamais
être contraires à l'intérêt social, & ne sont pas moins opposés
que lui à la violence & à la contrainte. Mais trop souvent
l'autorité frappée de l'objet qu'elle se propose, ne s'occupe qu'à
chercher les moyens de se faire obéir : elle prodigue les menaces
& les peines ; mais elle sera moins obéie, si elle a excédé
toute proportion : il y a plus, il sera un temps où elle ne desirera
plus même de l'être ; la chaleur du premier moment une fois
éteinte, elle arrêteroit elle-même le faux zéle des Tribunaux qui
mettroient la Loi à exécution.

Je n'en veux pour preuve que l'article IX de la Déclaration
du 24 Mai 1724, dont toutes les dispositions sont dirigées par
le même esprit. Il est enjoint aux Curés de visiter les malades
de la Religion prétendue réformée, de les exhorter, & de les
instruire avec la prudence & la charité qui convient à leur
ministere : (rien de mieux assurément) mais si les malades refusent
& persistent, voulons, dit cet article, que le procès leur soit fait ;
qu'ils soient condamnés au bannissement à perpétuité, avec
confiscation de leurs biens ; & que s'ils meurent, le procès soit
fait à leur mémoire, avec confiscation de leurs biens ; dérogeant aux autres peines portées par les Déclarations de 1686
& 1715.

Or je demande s'il est un seul Juge qui osât aujourd'hui
prononcer en pareil cas le bannissement & la confiscation ; s'il
ne craindroit pas même de s'exposer, en le faisant, aux reproches du Gouvernement, trop éclairé pour vouloir que pour
le présent il soit donné aucun effet à cet article. Les dispositions relatives aux mariages des Protestans, contractés en Pays
étrangers, n'ont pas plus d'exécution ; & des dix-huit articles
de cette Déclaration, il n'y en a gueres d'exécutés que ceux
qui exigent la Catholicité pour différentes Places & professions.
Mais ne vaudroit-il pas mieux changer & supprimer des Loix
auxquelles on ne veut donner aucune exécution, & qui n'en
doivent avoir aucune ?

Quelle rigueur, & combien d'atteintes portées aux droits
de la propriété, dans les Loix qui concernent la Monnoie, &

la

la Justice Criminelle qu'il faudroit commencer. Le moment seroit donc favorable pour favoriser & encourager la discussion.

---

en particulier dans la Déclaration de 1726. Il suffit d'en citer quelques dispositions.

Défenses de transporter hors du Royaume des especes ou matieres d'or & d'argent, *à peine de mort*; de confiscation des matieres, même des marchandises avec lesquelles elles sont emballées; des voitures, &c.

D'après une pareille disposition, ne diroit-t-on pas que la vie du corps politique ne consiste que dans l'argent: mais si les autres nations en font autant, toute circulation est donc interceptée entre elles. Mais.... mais.... &c. &c. si l'on veut se convaincre que cette Loi ne peut avoir aucun motif solide, on peut voir ce que je dis sur la circulation de l'argent dans le 3e. *Chapitre de l'intérêt social*. Quoiqu'il en soit du motif, la rigueur de la Loi fait frémir.

Défenses aux Orfévres d'employer des especes à leurs ouvrages, sous peine des galeres à perpétuité. Mais cette défense paroît bien inutile; car il y auroit de la perte pour eux à le faire.

Ordre aux Juges de saisir, lors des scellés & inventaires, les especes décriées, & les especes étrangeres qui se trouveront, à peine d'interdiction, d'amende, &c. pour lesdites especes être confisquées, &c. Dans le fait, il n'est pas un Juge qui veuille s'y prêter.

Les Ouvriers en fer, qui auront fabriqué des machines & outils servant aux Monnoies, & *dont l'usage ne leur est pas connu, seront punis de mort*, &c.

Même peine de mort contre les Voituriers qui auront transporté lesdites machines, &c.

Heureusement les mœurs & les sentimens servent de rempart contre ces sortes de Loix, qui sont toutes en désuétude.

Combien sur d'autres objets n'y a-t-il pas de Loix du même genre? Par exemple, les Faiseurs & Imprimeurs de pronostications & almanachs, doivent être punis corporellement. *Ord. d'Orléans*, art. 16. Ainsi les Faiseurs & Imprimeurs des almanachs de Liége & du bon Laboureur, & autres, sont punissables corporellement. De pareilles Loix sont sans doute sans conséquence; mais elles déshonorent une Législation, en montrant qu'elle a été souvent l'ouvrage du hasard, de la fantaisie, & des opinions passageres.

Ajoutons une réflexion générale; c'est que presque toutes ces Loix, si excessives par leur rigueur, & qui portent des

I

Les Administrateurs emportés par les détails auxquels ils ont peine à suffire , ont trop peu de tems pour examiner, se livrer à des recherches , & appercevoir tout le bien qu'il y auroit à faire ; & d'ailleurs, quelqu'éclairés qu'on les suppose , ils ne peuvent se flatter de réunir toutes les lumieres. Il est un lot qui leur est réservé , & qui n'est pas le moins important ; c'est de juger les vues qu'on leur présente, de peser les inconvéniens ou la possibilité, & de discerner par ce tact que donne l'habitude des affaires , & que les Ecrivains n'ont pas toujours. Le devoir des Administrateurs est donc de rassembler les lumieres , de provoquer la discussion, & de tourner, par des encouragemens, la recherche vers les objets utiles. Un Prix donné à propos fait éclorre vingt Ouvrages , dans lesquels il ne s'agit plus que de faire un choix éclairé. (*a*)

---

prohibitions arbitraires , prononcent des confiscations & des amendes , & en accordent une partie au dénonciateur : moyen funeste , qui tend à dégrader les mœurs , à corrompre les sentimens de probité ; à établir une inquisition sourde , en rendant les Citoyens délateurs les uns des autres. Heureusement encore , les mœurs & l'opinion , plus sages & meilleures que la Loi , arrêtent le plus souvent l'effet de cette séduction.

(*a*) Dans le moment où je corrige l'épreuve de cet Ouvrage , je trouve dans les Papiers publics un Programme qui remplit

Nous ne manquons certainement aujour-
d'hui de lumieres sur aucune des parties
de l'Administration, ni d'Ecrivains capables
de les préfenter. Mais ce font les occafions
& les circonftances qui tournent l'application à une étude ou à une autre, & qui
engagent à développer, par un examen
approfondi, des points fur lefquels on n'avoit
que des vues générales. C'eft à l'Adminiftration à faire naître ces occafions, en inter-
rogeant les citoyens en état de travailler,
& elle a le plus grand intérêt à le faire.

---

parfaitement les vues que je propofe ici. Je ne puis me refufer
au plaifir de le tranfcrire. Il fortira fûrement de cette dif-
cuffion de bons ouvrages. Si dans une matiere auffi vafte &
auffi difficile à traiter, un feul Auteur ne peut réuffir également dans toutes les parties, il fera fûrement poffible de faire,
de tous ces Mémoires réunis, un excellent projet de Légiflation. Heureux les Gouvernemens qui profiteront de ces lumieres
pour réformer cette partie fi importante, & fur laquelle la
Philofophie s'eft encore fi peu exercée !

Un Particulier, touché des inconvéniens qui naiffent de
l'imperfe&ion des Loix criminelles de la plûpart des Etats
de l'Europe, a fait parvenir, fous le voile de *l'incognito*, à la
Société Economique de Berne, un Prix de 50 louis, en faveur
du Mémoire que la Société jugera le meilleur fur l'objet qui fuit :

Compofer & rédiger un plan complet & détaillé de Légiflation fur les matieres criminelles fous ce triple point de vue.
1°. Des crimes & des peines proportionnées qu'il convient de
leur appliquer. 2°. De la nature & de la force des preuves
& des préfomptions. 3°. De la maniere de les acquérir par la
voie de la procédure criminelle, en forte que la douceur de
l'inftruction & des peines, foit conciliée avec la certitude d'un
châtiment prompt & exemplaire, & que la fociété civile trouve
la plus grande fûreté poffible combinée avec le plus grand
refpe&t pour la liberté & l'humanité.

Mais du moins le premier encouragement qu'elle peut leur donner, est la liberté de foumettre au jugement public les fruits de leurs travaux.

Tout le monde convient de l'imperfection de nos Loix criminelles, principalement en ce qui concerne la diftribution & la proportion des peines : cette partie attend un Légiflateur.

Ce n'eft certainement pas le defir des innovations qui me fuggere ces réflexions. Elles me font communes avec tous ceux qui connoiffent notre Légiflation. M. Servant, Avocat-Général au Parlement de Grenoble, les expofoit dans un Difcours imprimé en 1767. Les vues de ce refpectable Magiftrat forment le vœu de tous les Magiftrats éclairés.

Nos Loix criminelles, dit-il, font bien éloignées de la perfection : elles font éparfes, fans liaifon, & laiffent entre elles de grands efpaces vuides où le Magiftrat peut s'égarer.

En effet, elles n'ont diftingué ni les délits, ni les peines ; elles n'ont fait aucune divifion des crimes par leur genre, par leurs efpeces, par leur objet, par leur dégré : cependant, que de nuances à diftinguer depuis l'irré-

vérence jufqu'au facrilege, depuis le mur-
mure jufqu'à la fédition, depuis la menace
jufqu'au meurtre, depuis la filouterie jufqu'à
l'invafion ! Si nous confidérons les délits par
rapport à ceux qu'ils attaquent, quelle
diftinction n'y a-t-il pas à admettre dans la
griéveté des délits . . . . On diroit que la
Morale ne fait que de naître. Des extrémités
de la carriere des fciences, nous revenons
enfin vers nous-mêmes ; comme un voyageur
qui a tout vu, hors fa Patrie ; citoyen du
monde, étranger dans fa propre maifon.

Si nous avons établi quelque diftinction
pour les crimes, elle eft pire qu'une entiere
confufion ; car on démêle mieux des objets
qui n'ont aucun ordre, que ceux qui en ont
un mauvais. Connoiffons-nous bien en effet
les vrais limites de ce que nous appellons
délits communs & délits privilégiés ; cas
royaux & cas ordinaires ?... Et combien
de crimes, de nature toute différente, n'a-
vons-nous pas confondu ?

Mais avons - nous mieux déterminé les
peines que les délits ? C'eft une efpece de
maxime, que les peines font arbitraires dans
ce royaume.... Et quelle rigueur ne peut-

on pas reprocher à celles qui font précifes ?
Par-tout & fans diftinction elles prodiguent
la peine de mort. Les crimes les plus différens par leur nature, font foumis au même
fupplice. On diroit que dans leur précipitation, les Loix ont voulu faire un feul faif-
ceau de tous les crimes pour les brifer à
la fois. On voit fouvent le vol puni comme
l'affaffinat ; & fur une route publique, la
vie d'un homme n'eft pas plus eftimée que
fon or ; difpofition imprudente, qui expofe
la tête des Citoyens pour couvrir leur for-
tune, & qui oblige un fcélérat à commettre
deux crimes, lorfqu'il n'en méditoit qu'un.
Les vols avec effraction font punis de mort,
& c'eft comprendre prefque tous les vols.
Nulle diftinction d'ailleurs entre le premier
vol & ceux qui le fuivent, entre la féduc-
tion & l'habitude. Que dirons-nous de la
peine de mort infligée au vol domeftique ?
Quelle proportion entre la vie d'un Citoyen
& le tort fait à un maître ! Cette Loi eft
fi dure, qu'elle s'eft corrigée elle-même.
L'excès du châtiment a produit l'impunité
d'un vol, qu'une Loi plus modérée eût
réprimé. Eft-il jufte de condamner à la même

peine celui qui recele le vol, & celui qui l'a
fait ? N'y a-t-il pas quelque diſtance entre ces
deux actions ; n'y a-t-il pas de même
quelque diſtance entre le deſſein d'un crime
& le crime même, entre la machination &
l'exécution, entre aſſiſter au complot d'un
crime qu'on pouvoit déſapprouver intérieu-
rement, & l'avoir commis ? Avec quelle
exceſſive rigueur ne puniſſons-nous pas le
rapt de ſéduction, ce crime ſi difficile à déterminer, ſi différent par ſes cauſes, par ſes
effets, par ſes circonſtances ; & ne peut-on
pas dire la même choſe de la peine portée
contre le recélement de groſſeſſe, qui n'entraîne pas néceſſairement la deſtruction du
part.

Si nous infligeons de tels châtimens à des
crimes qui ſemblent préſenter des excuſes,
quels ſupplices réſerverons-nous à un aſſaſſinat atroce, après avoir épuiſé la peine de
mort pour les moindres délits ? On ordon-
nera une mort plus cruelle ; mais quoi, je
vois périr ſur la même roue le voleur avec
effraction, & le monſtre qui a aſſaſſiné ſon
pere !

Nos Loix, après avoir prodigué la peine

de mort, n'ont pu enſuite faire autre choſe que d'en varier la forme. Mais cette reſſource eſt ſans effet. Telle eſt la nature du cœur humain, que dans les ſupplices apperçus de loin, le ſcélérat ne voit que la mort, ſans compter les douleurs : le gibet & la roue ſe préſentent dans l'avenir ſous la même image.

A quoi donc ont ſervi tant de rigueurs, & quels crimes ont-elles arrêté ? Ne m'accuſera-t-on pas de manquer au reſpect dû aux Loix ? Hommes ſages, dites-moi ſi j'outrage les Loix, parce que j'en ſouhaite de plus parfaites, parce que j'en deſire la réformation. Ne diſtinguera-t-on jamais la licence, qui veut tout détruire, de l'amour du bien, qui ne veut changer que le mal ? Mais la licence ne veut tout détruire, que pour ne rien ſubſtituer : l'amour du bien remplace le mal par le bien, ou le bien par le mieux : la licence ne reſpire que l'anarchie ; l'amour du bien ne demande que la liberté légitime : la licence ne veut point de Loix ; l'amour du bien fait des vœux pour en obtenir de meilleures.

Si l'on veut meſurer l'eſpace que la Juſtice criminelle a parcouru depuis nos pre-

miers Rois jusqu'au dernier regne , depuis
les épreuves du feu & de l'eau jusqu'à l'Ordonnance Criminelle , on verra que la vérité
a fait un pas cent fois plus grand que celui
qui lui reste à faire. Quel objet d'émulation
pour nous ! Voilà plus d'un siecle que la Justice criminelle se repose dans ce glorieux
monument : n'est-il pas tems qu'elle s'éleve
à des Loix plus parfaites ?

On peut conclure de ces réflexions, que
j'ai puisées dans l'Ouvrage de M. Servant,
combien il y a à travailler en cette partie.
Mais la maniere de parvenir à une bonne
réforme , seroit-elle de faire une collection
des Loix adoptées par les anciens Peuples ,
ou par les Nations voisines ; de les compa-
rer avec les Loix qui existent, de faire un
choix de ce qui paroîtroit le meilleur pour
en former un nouveau Code ? Osons croire
qu'il seroit plus à propos de mettre de côté
ces traditions , ces usages & ces coutumes
souvent si imparfaites , si contradictoires ,
si incohérentes, ou de ne les consulter que
pour saisir les inconvéniens & les éviter ;
& qu'il faudroit chercher non-seulement les
élémens d'une nouvelle Législation , mais

même ces derniers détails dans une étude approfondie de la Morale, de la Justice essentielle, dela science des rapports, de l'intérêt de la société, & de la connoissance du cœur de l'homme.

Si l'on se borne à ramasser des matériaux informes, à les compiler, à les entasser, on ne parviendra qu'à former une Législation bizarre, irréguliere, contradictoire, mêlée d'un peu de sagesse, confondue avec beaucoup d'erreurs & d'imperfections. Les Loix que nous pourrions emprunter des Nations modernes, ont le plus souvent été l'effet du hasard & de l'ignorance : celles que nous voudrions tirer des anciens Peuples, seroient peut-être plus raisonnables ; mais elles ont pu être conformes au Gouvernement & aux mœurs de ces Peuples, & ne pas nous convenir. Il vaut donc beaucoup mieux oublier ce qui s'est fait, abandonner les exemples ; ou du moins ne les consulter qu'en les soumettant à la discussion ; prendre plutôt la raison, que l'autorité pour guide, & rechercher ce qui doit & ce qui peut se faire, ce qui est le plus conforme à la Justice & à l'intérêt social. C'est le seul moyen de mettre de l'ensemble dans les vues, de garder en tout une juste proportion, & de travailler sur un plan suivi & uniforme. En un mot, il faut, en réglant les formes & l'instruction, combiner & concilier l'intérêt social avec les droits du Citoyen accusé ; & pour graduer & déterminer les peines, il faut avoir continuellement devant les yeux, que les peines, pour être justes, doivent être publiques, promptes, nécessaires, fixées par la Loi & non laissées à l'arbitrage du Juge, proportionnées aux délits, & cependant les moindres qui soient possibles, dans les circonstances données.

F I N.

Nota. *Le Privilége du Roi se trouve à la fin de l'Ouvrage de l'Ordre social, du même Auteur, & qui se vend chez les mêmes Libraires.*

A ORLÉANS, de l'Imprimerie de COURET DE VILLENEUVE, Imprimeur du Roi.